Claire Avalon

Wesen und Wirken der Weißen Bruderschaft

("Wie wir wurden, was wir sind,
und
wie wir werden dürfen, um zu sein")

Smaragd Verlag

Das Bild für das Cover malte Aeona; die Abbildungen im Innenteil stammen von Armando de Melo.
Der Verlag bedankt sich bei beiden Künstlern sehr herzlich für ihre Mitwirkung an diesem Buch.
Diese Bilder und andere sind unter den im Quellenverzeichnis angegebenen Anschriften als Postkarten oder Poster zu beziehen.

Bitte fordern Sie unser kostenloses Verlagsverzeichnis an:

Smaragd Verlag
In der Steubach 1
57614 Woldert (Ww.)
Tel.: 02684.978808
Fax: 02684.978805
E-Mail: info@smaragd-verlag.de
www.smaragd-verlag.de

Oder besuchen Sie uns im Internet unter der obigen Adresse.

© Smaragd Verlag, Neuwied
Deutsche Erstausgabe Februar 2000
2. Auflage November 2002
Covergestaltung: XPresentation, Boppard, nach dem Bild
DIE SIEBEN SPHÄREN von Aeona, Frankfurt
Satz: DTP-Service-Studio, Rheinbrohl
Printed in Czech Republic
ISBN 3-926374-90-X

Inhalt

Über die Autorin 4

Vorwort 5

Vom Licht und der Zentralsonne 7

Helios und Vesta, die Präzipitation
und die Entstehung der Erde 10

Der Beginn der Inkarnationen 15

Der Eintritt von Ursache und Wirkung
oder Die Schaffung des Karmas 19

Die Gründung der Weißen Bruderschaft
und die Ankunft Sanat Kumaras auf der Erde 25

Die Funktionen der Mitglieder der Weißen Bruderschaft 32

Sinn und Ziele der Weißen Bruderschaft,
ihrer Strahlenarbeit und ihrer Meister 35

Gechannelte Durchgaben der Aufgestiegenen Meister 41

Ausklang 117

Quellenhinweise 118

Über die Autorin

Claire Avalon beschäftigt sich seit vielen Jahren mit den Fragen des spirituellen Wachstums dessen, was einen Menschen einzigartig macht – der Seele. Vor etwa zehn Jahren, nach einer ganz normalen irdischen beruflichen Karriere, begann dann eine Entwicklung, die deutlich zeigte, daß sich hinter allem Geschehenen eine unvorstellbare Intelligenz höherer Ordnung verborgen mußte, die man nicht mehr als Zufall bezeichnen konnte.

Nach einer langen Zeit der Prüfung und des Loslassens von Menschen und Materie, aber immer unter Berücksichtigung ihres freien Willens, erkannte sie dann deutlich die Notwendigkeit ihrer Arbeit im Dienste der Menschen.

Heute arbeitet sie in Einzelsitzungen als Medium der Großen Weißen Bruderschaft mit Menschen, die sich selbst mit allen Unvollkommenheiten, aber auch Fähigkeiten in all ihrer irdischen Schönheit im Spiegel der Erkenntnis betrachten wollen. Neugier ist unangebracht, denn diese Form der Unterhaltung mit der hohen geistigen Ebene setzt eine spätere intensive Bewußtseinsarbeit voraus.

Dieses Buch basiert auf ihrer Erfahrung mit dieser Arbeit und soll einen Einblick geben in die wunderbare Zusammenarbeit zwischen Geist und Materie.

„Es gibt keine Trennung, nur unser Verstand ist in der Lage, sie zu schaffen."

Vorwort

Dieses Buch vermittelt einen Einblick in das Wesen und Wirken der Großen Weißen Bruderschaft. Wie ich immer zu sagen pflege, handelt es sich hierbei um eine Wissenschaft für sich. Allein aus der Tatsache, daß die ganze Theosophie, begründet durch Helena Blavatsky, oder die esoterische Philosophie von Alice Bailey dieser Quelle entstammt, sollte uns klar werden, wie schwierig es ist, einem Leser, der beginnt, sich mit diesen Dingen zu beschäftigen, einen kurzen aber dennoch konkreten Überblick zu verschaffen, der seine erste Neugier in ein echtes Interesse verwandelt.

Trotz allem muß ich sagen, daß es mir als Medium der Großen Weißen Bruderschaft erfreulicherweise in vielen etwa zweistündigen Sitzungen gelingt, den Kern der Sache zu vermitteln. So versuche ich, den Menschen mit einer Thematik zu konfrontieren, die ihn zum langen erfahrungsreichen Selbststudium und zur selbständigen Bewußtseinserweiterung auffordert. Dazu gehört jedoch neben den persönlichen Aspekten ein gewisser Rahmen, der eine grundsätzliche Orientierung in übersichtlicher Art und Weise bietet.

Die Große Weiße Bruderschaft stellt sozusagen eine rein geistige Hierarchie für unsere Erde dar. Ich will also versuchen, in einer einfachen und klaren Form ihren Aufbau zu erklären. So sollte es nach und nach jedem einzelnen Interessierten möglich sein, seinen Bezug zu ihr herzustellen und gleichsam seine konkrete Sichtweise zu entwickeln. Wir alle sind Teil dieses hervorragend funktionierenden Systems.

In diesem Zusammenhang verweise ich auf mein Buch "Channeling - Medien als Botschafter des Lichts", in dem ich die Große Weiße Bruderschaft mit einem Unternehmen vergleiche, das uns allen einen interessanten Arbeitsplatz bietet. Auch Anna Amaryllis hat in ihrem Buch "Die weiße Bruderschaft" bereits einen guten Einblick in das Alles-was-ist vermittelt. Gleichzeitig müssen wir aber auch verstehen, daß sich die Dinge ändern können. In jedem Unternehmen gibt es Beförderungen und Platzwechsel, auch in der Großen Weißen Bruderschaft. So stehen auch hier Neuerungen bevor, die jedoch den Mitarbeitern rechtzeitig bekannt gegeben werden. Werfen wir also einen Blick auf diese unsichtbare, universelle Geschäftsführung.

Vom Licht und der Zentralsonne

Bevor wir uns näher mit der Definition und der Erklärung der Weißen Bruderschaft beschäftigen, wollen wir die grundlegenden Begriffe hinterfragen, mit denen wir uns täglich in der Arbeit mit dieser Hierarchie geistiger Natur beschäftigen. Vielen von uns sind Begriffe wie Lichtschüler, Lichtarbeiter, Lichtträger usw. in Fleisch und Blut übergegangen. Was aber bedeuten alle diese Bezeichnungen? Immer und überall ist die Rede vom "Licht".

Licht ist der Ursprung allen Seins. Wir selbst bestehen aus Licht, die gesamte Schöpfung ist Licht, entstand aus einer Licht-Substanz, aus dem Ur-Licht. Da uns ja schon die Bibel lehrt, daß Gott der Schöpfer allen Seins ist, muß also Gott vergleichbar sein mit dieser Licht-Substanz oder dem Ur-Licht. Wenn wir nun im Irdischen Lichtträger oder auch Lichtarbeiter sind, liegt es ja auf der Hand, daß all das, was sich auf der Erde befindet, das letzte Glied in dieser Lichtkette sein muß. Wir sind also letzten Endes die Stromkabel, die alles speisen sollen, um das Leben, die Evolution im Flusse zu halten. Wir sollen ja das Licht verbreiten. Wenn wir nun die Stromkabel sind, muß es ja auch einen Transportweg vom Kraftwerk aus bis zu uns geben, also die Überlandleitungen. Um das Licht an vielen, vielen Punkten gerecht zu verteilen, muß man viele Wege schaffen. Man braucht immer wieder Kontrollstationen, um zu sehen, ob alles in Ordnung ist, ob keine Schäden vorhanden sind, ob keine Unter- oder Überversorgung besteht. Die Verteilung wird sozusagen immer diffiziler, immer feiner, bis nur noch soviel in einem Stromkabel aus der Steckdose ankommt, wie benötigt wird, ohne einen Kurzschluß zu verursachen. Die Steckdose vergleichen wir hier mit dem ersten für den Menschen wahrnehmbaren Nutzungseffekt im Sinne der E-nergiespende. Nennen wir ihn für unsere Arbeit: Ventil für Energie, Aura, Chakren, heilende Hände, Sinne, Sprechorgane, Kreativität usw.

Um nun das Licht visuell zu definieren, nennen wir Gott oder das Ur-Licht die "Göttliche Zentralsonne". Gott sagte: "Es werde Licht." Und es ward Licht.

Unsere Erde ist mit unserer physischen Sonne und ihren anderen Planeten in ein System eingebunden, das also von unserer Zentralsonne gespeist wird. Wir brauchen dieses Licht, um existieren zu können. Licht ist Liebe, Gesundheit, Lebensfreude, Harmonie, Frieden, Kraft, Weisheit und Schönheit, kurzum alles Leben und alle Substanz.

Die Eltern unseres Sonnensystems sind Helios und Vesta. Sie entwarfen die einzelnen Planeten mit all ihren E-xistenzen. Sie sind göttliche Wesen und ständig damit beschäftigt, die Lichtsubstanz aus der Zentralsonne herabzuziehen und wie in einem Lichtstrom zu verteilen, um ihre Planeten mit der erforderlichen Lichtsubstanz zu versorgen und einzuhüllen. Der Maha Cohan (er repräsentiert den Heiligen Geist für die Erde) lenkt dann diese Lichtsubstanz herab in seine Sphäre, um sie je nach Bedarf über die sieben kosmischen Strahlen der Weißen Bruderschaft, auch Weltenstrahlen genannt, in das Reich der Menschen, das Elementarreich und das Naturreich zu verteilen. Diese wertvolle Lichtsubstanz bildet also das Lebenselixier oder die Essenz alles sich entwickelnden Lebens. Hierzu aber später mehr.

So erkennen wir, daß gerade wir Menschen je nach Bedarf den Zufluß der Lichtsubstanz jederzeit verändern können. Durch unsere Verbindung im Rahmen unserer Aufgabe als Lichtträger oder Lichtarbeiter zu den hohen Sphären und über sie zu Maha Cohan ist es uns möglich, mehr Licht zu erbitten, um all das zu erschaffen, was unsere Evolution fördert und die Vollkommenheit erzeugt. Wir sind also die Schöpfer unseres eigenen Lebens.

Helios und Vesta, die Präzipitation und die Entstehung der Erde

Helios und seine weibliche Ergänzung Vesta entwarfen also die Erde gemäß ihrem gedanklichen Plan. Erschaffen wurde die Erde dann von den Elohim, den Weltenschöpfern. Die Elohim sind reine, göttliche Wesen, die niemals irdisch inkarniert waren. Sie entstanden aus dem Elementarreich. Diese Elementarwesen entwickelten sich in mühevoller, jahrhundertelanger Kleinarbeit aus der minimalsten Lichtenergie. Auf diesem Weg durchwanderten sie die sieben inneren Sphären und erlernten die sieben Stufen der Präzipitation, um so zum Erbauer des menschlichen Körpers, des Naturreiches und letztlich des Planeten zu werden. Im übrigen durchlief jede Lichtsubstanz zu Anfang diese sieben Sphären und Stufen der Präzipitation, ob sie nun später einmal inkarnierte oder nicht. Jeder Ursprung ist der gleiche. So können wir erkennen, daß wir alle auch die gleichen Fähigkeiten besitzen.

Präzipitation bedeutet das Schaffen aus der Ursubstanz. Die Kraft der Elohim ist also in allem vorhanden, was existiert. Wir alle sind ja auf einem der sieben Lichtstrahlen inkarniert, wobei man hier erwähnen muß, daß alle Strahlen in ihrer Wertigkeit gleichzusetzen sind Das heißt, auch wenn wir vom ersten Strahl sprechen, ist er in seiner Kraft und Bedeutung nicht höherstehend als beispielsweise der sechste oder siebte Strahl.

So können wir auch genau erkennen, welche Sphäre und welche Stufe der Präzipitation uns besonders interessierte, woraus wir also unsere Kraft für die Inkarnation schöpfen. Zur Erschaffung der Erde wurden demzufolge sieben Elohim herangezogen, nachdem sie sich für das Dienen in einer bestimmten Sphäre entschieden hatten. So wie Helios und Vesta eine Einheit bilden, steht auch jedem Elohim eine weibliche Ergänzung zur Seite. Sie ist behilflich bei der Manifestation und der Aufnahme aller Energien und Veränderungen.

Sowohl Helios und Vesta als auch die Elohim arbeiten genau wie die Aufgestiegenen Meister mit Lichtschülern zusammen. Aus meiner Erfahrung heraus kann ich sagen, daß es hierbei jedoch oftmals mehr um die Verwirklichung und Umsetzung bestimmter Aspekte und Merkmale des Strahles geht. Es erfolgt also eine Konzentration auf - ja man kann sagen - Charaktermerkmale des Schülers, die verbessert oder gefördert werden sollen. Gerade bei den Helios-Schülern fällt mir immer wieder auf, daß sie eine starke Energiestrahlung abgeben, ohne besonders oder bewußt in Aktion zu gehen. Die Sonnenenergie, die sie transportieren, kann man praktisch spüren, aber natürlich nur dann, wenn sie vom Bewußtsein her eine gewisse Reife erreicht haben.

Sie beschäftigen sich auch gerne mit der Sonne, ihrer Kraft und Energie. Sonnenkost ist oft ihr Thema. Viele arbeiten in der Heilung. Man kann sagen, sie beginnen zu strahlen, wenn sie ihre Aufgabe erkannt und ihren Weg gefunden haben. Das Wort "Heilen" stammt von "Helios".

Wollen wir nun kurz auf die sieben Sphären bzw. Stufen der Präzipitation und die damit verbundenen Aspekte der sieben Strahlen in Verbindung mit den Elohim eingehen.

Die erste Stufe verbunden mit dem ersten blauen Strahl wird betreut von Herkules und Amazone und erzeugt den Willen, der unabdingbar ist, um auch nur das Geringste zu erschaffen.

Auf der zweiten Stufe und dem zweiten goldgelben Strahl finden wir Cassiopea und Minerva. Dem Willen folgt die Erleuchtung oder auch die Weisheit, die sehr alt sein kann, um das zu schaffen, was beabsichtigt ist.

Die dritte Stufe und der rosafarbene Strahl unterstehen Orion und Angelika. Hier geht es um die Liebe, die dringend benötigt wird, um das zu manifestieren, was geplant und in der Vorstellung vorhanden war.

Diese Stufe ist nicht leicht, da es darauf ankommt, diese Liebe zu erhalten, gleich was kommt.

Auf der vierten Stufe und dem vierten weißen Strahl

finden wir Claire und Astrea. Das mit dem Willen, der Erleuchtung und der Liebe geschaffene Muster muß in vollkommener Reinheit erhalten werden. Hierzu gehört eine starke Disziplin.

Die fünfte Stufe und der fünfte grüne Strahl der Konzentration und der Wahrheit unterstehen Vista und Kristall. Das entworfene und rein gehaltene Muster muß in ständiger Konzentration gehalten werden, bis es sich manifestiert hat.

Auf der sechsten Stufe finden wir hier entgegen dem sonstigen Rhythmus den siebten violetten Strahl der Umwandlung unter Arcturus und Diana. Hier geht es auch um die Anrufung und den Rhythmus. Das heißt, es muß eine Beständigkeit in das Erschaffen gebracht werden, um letztendlich das Muster zu manifestieren.

Danach folgen dann die siebte Stufe und der sechste rubinrote Strahl des Friedens unter Tranquilitas und Pazifica. Sie helfen dabei, alles Manifestierte in den Frieden einzuhüllen, damit nichts mehr zerstört werden kann.

So entstand die Erde mit all ihren Elementen und Reichen. Es bildeten sich also das Elementarreich, das Engelreich zum Schutze der Menschen und als Boten Gottes, und letztlich das Reich der Menschen.

Das Engelreich wird von den Erzengeln angeführt, die ebenfalls eine göttliche, weibliche Ergänzung mit sich tragen und auch jedem Strahl zugeordnet sind. Dort schütten sie ihre Energie aus und arbeiten mit ganzen Scharen von Engeln mit an der Vervollkommnung des Menschen. Das bedeutet, wir können sie jederzeit um ihre Hilfe und Unterstützung bitten.

Den einzelnen Strahlen sind folgende Erzengel mit den göttlichen Ergänzungen zugeordnet:

1. Strahl: Michael und Faith (Glaube)
2. Strahl: Jophiel und Konstantia (Beständigkeit)
3. Strahl: Chamuel und Charity (Mildtätigkeit)
4. Strahl: Gabriel und Hope (Hoffnung)
5. Strahl: Raphael und Mutter Maria
6. Strahl: Uriel und Donna Gracia
7. Strahl: Zadkiel und Amethyst

Ziel dieses Szenarios war letztlich, daß alle Reiche in Frieden, Eintracht und Harmonie zusammenleben und zusammenarbeiten sollten und wollten. Das heißt, die Grundlage für die Inkarnationen war bestens gelegt. Wie kam es nun zu all dem, was heute noch seine Spuren und Auswirkungen auf alles, was existiert, hat?

Der Beginn der Inkarnationen

Nachdem gemäß dem Schöpfungsplan von Helios und Vesta festgelegt worden war, wieviele Wesen oder Lebensströme den Planeten Erde bevölkern durften, nahmen die "Unschuldigen" auf diesem Planeten ihr Leben auf. Sie waren vollkommen rein in ihrer Gesinnung, ihr "ICH-BIN" war ihnen voll bewußt. Während ihrer Existenz in den Höheren Sphären hatten sie alle sieben Stufen der Präzipitation durchlaufen, so daß es für sie ohne weiteres möglich war, alles zu erschaffen, was sie in der Materie benötigten. Durch ihre absolute Reinheit im Bewußtsein waren sie also in der Lage, alles in der Materie zu erzeugen, was sie auf der geistigen Ebene gelernt hatten. Es herrschte vollkommene Harmonie, das "Goldene Zeitalter".

Diese Wesen hatten sich freiwillig bereit erklärt, sich in der niederen Atmosphäre zu verkörpern. So entwickelte sich die erste Wurzelrasse, die in Begleitung ihres Manus in die irdische Verkörperung eintrat. Sie orientierte sich am ersten blauen Strahl, der von Erzengel Michael auf dem blauen Planeten Erde als erster Pfad gebildet wurde, um in die Inkarnation zu gehen. Die Manus sind sehr hohe Geistwesen, denen die Leitung der insgesamt sieben Wurzelrassen mit jeweils sieben Unterrassen übertragen wurde. Sie leiteten die Geistwesen zunächst durch die sieben inneren

Sphären, damit sie sich ihren Kausalkörper aufbauen konnten. Der Kausalkörper enthält die Strahlung sämtlicher Sphären. Er zeigt auch durch eine gewisse Intensität den Strahl an, auf dem die Seele inkarniert ist, da sie sich auf diesem Strahl bzw. in dieser Sphäre am wohlsten gefühlt hat, bzw. weist darauf hin, welche Eigenschaften sie in einem Leben intensiv einsetzen muß. Es gab also im Laufe der Zeit insgesamt sieben Manus, die die Geistwesen auf ihre reine und unschuldige Verkörperung vorbereiteten. So hatten nach und nach alle sieben Strahlen die Möglichkeit, sich zu manifestieren. Jedoch behielt Erzengel Michael immer die Kontrolle über alle Dinge. So konnte jedes Geistwesen auf der Erde alle sieben Stufen der Präzipitation ohne Probleme durchleben. Es vollzog also eine vollkommene Phase der Entwicklung im Irdischen, genauso wie sie auf der geistigen Ebene vonstatten gegangen war. Danach konnte sich das Wesen wieder auf die geistige Ebene in absoluter Harmonie zurückziehen. Die Manus der ersten, zweiten und dritten Wurzelrasse hatten den Erfolg, wie er geplant war. Sie sind "aufgestiegen"; ihre Namen sind nicht mehr bekannt.

Die erste Rasse waren die Polarier, die noch sehr ätherisch waren und sich praktisch durch Spaltung vermehrten. Die zweite Wurzelrasse waren die Hyperboreaner, die der ersten sehr ähnlich waren, sich aber mehr und mehr verdichteten. Die Wesen der ersten und zweiten Wurzelrasse war also geschlechtslos. Die Menschen unseres Ebenbildes entstanden mit den letzten Unterrassen der dritten Wurzelrasse. Das waren die Lemurier. Sie wurden androgyn, also doppelgeschlechtlich. Mit der vierten Wurzelrasse der Atlanter entstand dann praktisch unser menschliches Bewußtsein. Ab diesem Zeitpunkt gelang auch nicht mehr allen Wesen der reibungslose Aufstieg nach dem Plane. Das heißt im Klartext, daß viele Wesen noch heute im Sinne des Gesetzes der Reinkarnation dieser Phase entstammen. Die fünfte Wurzelrasse waren die Arier, bitte nicht zu verwechseln mit dem durch Hitler geprägten Begriff. Es hat damit nichts zu tun. Als sechste Wurzelrasse kamen dann die Meruvianer, und die siebte Wurzelrasse der Paradisier ist erst jetzt dabei, sich zu manifestieren. Die noch wirksamen Manus sind:

4. Wurzelrasse: Himalaya - Entwicklung des vierten Strahles der Reinheit

5. Wurzelrasse: Vaivasvata - Entwicklung des fünften Strahles der Wissenschaft

6. Wurzelrasse: Meru - Entwicklung des Friedens (zur Zeit sehr aktiv)

7. Wurzelrasse: Saithrhu - Entwicklung der Freiheit auf Erden (erst im Kommen)

Da sich alle Wesen ab der vierten Wurzelrasse mit ihrer Existenz im Sinne ihres göttlichen Planes so schwer getan haben, resultierte daraus eine gewisse Form der Überbevölkerung, die uns ja nun immer deutlicher bewußt wird. Das heißt, die ständig notwendige Reinkarnation hat dazu geführt, daß für die sechste und siebte Wurzelrasse nur wenig Platz war. Die anderen hingen so an ihrem Leben, daß sie die gesamte Evolution der Menschheit immer wieder in Frage stellten. So kann man vielleicht verstehen, daß die Manus der vierten und fünften Wurzelrasse zur Zeit alle Hände voll zu tun haben, die alten und überholten Aspekte endlich zum Abschluß zu bringen, damit sich die neuen Wurzelrassen vollständig manifestieren können.

Kurz zur Erläuterung: Jeder Zyklus im Sinne eines manifestierten Strahles umfaßt 2000 Jahre: das sind also insgesamt 14.000 Jahre. Es war geplant, daß sich jedes Geistwesen in dieser Zeit in der Materie vollkommen entwickelt und sein Bewußtsein für den Aufstieg vorbereitet. Leider war dies nicht möglich, denn viele mußten wieder und wieder inkarnieren, um sich diesem Zustand überhaupt zu nähern, geschweige denn, ihn zu erreichen.

Der Eintritt von Ursache und Wirkung oder Die Schaffung des Karmas

Nun zurück zu den Lemuriern. Durch die Trennung der Geschlechter und die Entstehung der Tiere entwickelte sich zum ersten Mal der Gedanke der Macht, indem sich manche Wesen stärker als andere fühlten. Sie begannen, sich auch mit Tieren zu vermischen. Zu dieser Zeit begann im Grunde genommen die irdische Zeugung, also die gegengeschlechtliche Zeugung von Leben, auch die Vermischung von Mensch und Tier, wie uns ja bereits aus den kritischen Zeiten von Atlantis bekannt ist. Dies alles soll etwa 18 Millionen Jahre zurückliegen. In diesem Zeitraum ist also im Grunde genommen die Entstehung von Adam und Eva und auch der Sündenfall bzw. die Vertreibung aus dem Paradies symbolisch zu suchen.

Nun begannen die in verschiedenen Quellen genannten Nachzügler auf dem Planeten Erde zu inkarnieren. Sie hatten ja jetzt die Möglichkeit, über die Geburt durch eine Frau einen Zugang zu finden. Sie existierten vorher auf anderen Planeten, die sich weiter entwickelt hatten, wobei sie aber bei dieser Entwicklung nicht mithalten konnten. Auch sie brachten ihren Entwicklungsstand mit auf der Erde ein, indem sie die Chance bekamen, bei vollkommenen, reinen und uneigennützigen Frauen zu inkarnieren. Die Entstehung des irdischen Karmas nahm so ihren Lauf. Gleichzeitig, sagt man, inkarnierten hochstehende Seelen von anderen Planeten freiwillig auf der Erde, um dem Planeten zu Hilfe zu kommen. Sie wollten Licht und Hilfe bringen, fielen dann aber selbst den sich entwickelnden Zuständen im Irdischen zum Opfer. Es mußten wiederum hohe Wesen kommen, um den "göttlichen Funken" zu wecken, damit die dritte Wurzelrasse überhaupt wieder eine Chance bekam, sich aufwärtszuentwickeln. Offensichtlich fällt auch in diese Zeit die Ankunft Sanat Kumaras, der dann für Millionen von Jahren auf der Erde weilte, um sie vor dem Untergang zu bewahren. Dazu aber später mehr. Durch alle diese Aktivitäten schafften es dann die beiden letzten Unterrassen der Lemurier zwar, große Fortschritte im Sinne der Zivilisation zu machen, aber die negative Gesinnung blieb so stark erhalten, daß der Kontinent letzten Endes versank.

Die vierte Wurzelrasse entwickelte sich auf dem atlantischen Kontinent unter ihrem Manu Himalaya. Die Atlanter waren geistig sehr hoch entwickelt. Wir wissen, daß sie von großer Schönheit und Intelligenz waren. Eine Priesterschaft führte das Regiment und wurde als Könige verehrt. Technik, Bauwerke und sogar die Fortbewegungsmittel waren von höchster Güte und Vollkommenheit. Aber auch dort griff der Mißbrauch im Laufe der Zeit wieder um sich. Die Priester kippten teilweise in ihrer Gesinnung um. Alle

Warnungen wurden in den Wind geschrieben. Heute kann man ein sehr ähnliches Verhalten der Menschheit beobachten. Genmanipulation und Nutzung der Atomkraft, all das gab es schon einmal und führte auch damals ins Chaos.

Der Aufgestiegene Meister Serapis Bey schaffte es damals kurz vor dem Untergang des atlantischen Kontinentes, die Aufstiegsflamme und viel Wissen mit Hilfe einiger Gefolgsleute nach Ägypten zu bringen. So konnten sich dort Nachfahren entwickeln, die noch das alte Wissen erhielten und somit den Grundstein für weitere Unterrassen legten. Jedoch verkümmerten immer mehr Fähigkeiten, die früher noch vorhanden waren und genutzt wurden - Hellsichtigkeit, Heilkräfte, technisches Wissen usw. All das muß nun mühsam wieder entwickelt und zurückgeholt werden, damit wir der Erhöhung der Schwingungen standhalten können.

Und so ging es weiter mit der fünften Wurzelrasse, die noch voll wirksam auf der Erde existent ist. So kam es, daß aufgrund der ganzen Verzögerungen in der Bewußtseinsentwicklung nun mehrere Rassen nebeneinander ihren Weg der Entwicklung fortsetzen müssen, was auch die steigende Bevölkerungszahl erklärt.

Interessant in diesem Zusammenhang ist im übrigen, daß ich in meiner Arbeit, was die karmischen Aspekte angeht, rückwirkend höchstens bis Lemurien gekommen bin. Das heißt, wenn mir karmische Gegebenheiten gezeigt werden, die meine Klienten belasten oder auch fördern, reichen sie höchstens bis in die atlantische oder lemurische Zeit hinein. Erst im Laufe der Zeit habe ich erkannt, was viele außerirdische Inkarnationen bedeuten, die ich wahrgenommen habe. Es muß sich hierbei um Nachzügler handeln, die ihre Chance seinerzeit im Irdischen verspielt hatten, denn El Morya sagt in meinem ersten Buch "Was ihr sät, das erntet ihr", daß außerirdisches Karma auch nur auf dem betreffenden Stern oder Planeten durch eine Inkarnation aufgelöst werden kann, es sei denn, der Planet existiert nicht mehr. Das läßt darauf schließen, daß diese Seelen entweder eine einmalige Chance bekommen haben, ihr Karma auf der Erde zu erlösen, oder daß der Herkunftsplanet zerstört worden ist und man zwangsläufig seine karmischen Freunde und Gegner woanders treffen muß, um sich weiterzuentwickeln und Karma aufzulösen. Die Theorie ist für mich durchaus nachvollziehbar, da ich oft genug im Karmarückblick erkennen durfte, wie oft und schnell man einen Planeten im Anfall einer Hysterie vernichten konnte und nach wie vor kann. Und wenn man sich dann überlegt, welche Odyssee solchen Seelen bevorsteht, kann ich nur eindringlich vor unüberlegten Handlungen warnen.

Wie wir also erkannt haben, hat sich das irdische Karma im Laufe der dritten Wurzelrasse entwickelt. Karma ist das göttliche Prinzip von Ursache und Wirkung. Alles, was ich von mir gebe, ob positiv oder negativ, kommt zu mir zurück. Da sich der Mensch vom göttlichen Plan abgewandt hatte und entgegen seiner Bestimmung handelte, bildete sich immer mehr eine Grundlage zu erneuten Inkarnationen. Die Summe all dieser Partikel, seien es Erfahrungen, Talente, Schuldgefühle, Emotionen, Verletzungen usw., die alle auf dem Prinzip von Ursache und Wirkung beruhen, nennt man Seele. Also ist die Seele sozusagen die Sammelstelle aller Aspekte, die erneute Inkarnationen befürwortet bzw. einleitet. Sie schöpft aus einem reichhaltigen Angebot guter und weniger guter Aspekte, die jedoch alle bearbeitet werden müssen. Sie alleine nimmt auch nach dem Verlassen des physischen Körpers ihre eigene Beurteilung vor, führt "Gericht" über sich selbst, denn dann hat sie wieder den vollkommenen Überblick.

Wie gut, daß wir heute so viele Möglichkeiten der Erkenntnis geschenkt bekommen. El Morya hat einmal gesagt: "Jede Seele löst in einer Verkörperung Karma auf bis zum letzten Atemzug. Und gleichzeitig bekommt jede Seele gemäß ihrem Programm in jedem Leben die Chance, all ihr Karma aufzulösen."

Diese Aussicht mag zwar durchaus erfolgversprechend sein, allerdings kann man sich gut vorstellen, welche Kraftanstrengungen für diese Art von Erkenntnis und Abarbeitung aufgewendet werden müssen. Das heißt: Niemals aufgeben, ständig auf alle Gefahren, Mißstände, Widersacher und auch Gelegenheiten zugehen. Wir müssen immer wieder zu Veränderungen bereit sein, uns neu orientieren wollen. Das alles ist das Ergebnis von Millionen von Jahren. Der Zyniker würde sagen: "Offensichtlich war uns allen der 14.000-Jahre-Zyklus zu lapidar. Wir waren einfach zu neugierig auf das, was sich danach ereignen würde." Vielleicht schaffen wir es ja dieses Mal, damit wir unsere Aufmerksamkeit anschließend anderen Dingen widmen können.

Die Gründung der Weißen Bruderschaft und die Ankunft Sanat Kumaras auf der Erde

Nun wollen wir uns dem zuwenden, was uns allen seit Millionen von Jahren mit mehr oder weniger Erfolg zu helfen versucht, um endlich aus dem Rad der Wiedergeburt auszusteigen, dem Wirken der

Großen Weißen Bruderschaft.

Beginnen wir zunächst mit der Gründung dieser "geistigen Firma", wie ich sie immer bezeichne.

Jede Firma braucht ja zunächst ein Ziel, einen Sinn und auch einen Chef, der alle Dinge überwacht und eine gute Ausbildung und Schule hinter sich haben muß, damit er nie den Überblick verliert.

Wenn wir uns nun zunächst einmal das, was ich bislang alles erklärt habe, als irdische Firma ansehen, gab es ja ursprünglich einen guten Zweck. Man würde heute sagen, man gründete einen Verein, in dem alle gleichberechtigt waren, da ja alle das gleiche Ziel verfolgten. Der Chef dieser Firma bewegte sich allerdings im Geistigen, er war das Höchste überhaupt und hatte viele seiner Mitarbeiter auf die Erde entsandt, alle mit den besten Vorsätzen versehen. Ein paar Millionen Jahre lang verlief auch alles nach Plan. Dann aber begann die Misere. Die Firma wurde marode, man schleuste Mitarbeiter ein, die unfähig waren, sich den allgemeinen Geschäftsbedingungen anzupassen. Sie erreichten durch ihr Auftreten, gepaart mit der Unzufriedenheit der alten Mitarbeiter, ständig Tumulte, ja Meutereien, bis hin zu Umstürzen jeglicher Art. In diesem Moment wurde es notwendig, jemanden mit der Sanierung des Geschäftes zu beauftragen, wollte man nicht den totalen Ruin riskieren. Sagen wir, die Firma stand vorm Konkurs, und es wurde im letzten Moment ein Spezialist gesucht, der die Misere kurz vor der Eskalation aufhalten sollte. Dies ist natürlich ein schwieriges Unterfangen, allein im Hinblick auf die Tatsache, daß das marode Unternehmen ja nun doch eine gewisse Anzahl von Mitarbeitern beschäftigt hatte. Also, woher nehmen, wollte man sich nicht einen Wolf im Schafspelz auf den Chefsessel setzen.

Ich verwende bewußt diese irdischen und materiellen Vergleiche, denn wir wollen ja, daß die geistigen Zusammenhänge wirklich irdisch nachzuvollziehen sind.

Nun gehen wir in der Zeitrechnung wieder einmal ein paar Millionen Jahre zurück und machen uns auf die Suche nach einer geeigneten Persönlichkeit für diese schwere Aufgabe, die Menschheit und Mutter Erde zu retten. Auf der Erde war niemand zu finden. Alle hatten sich dem Untergang verschrieben und sahen den Wald vor lauter Bäumen nicht mehr.

Aber, da gab es den Planeten Venus. Dort herrschten und herrschen sehr von der Erde abweichende Umstände. Die Venus ist ein Planet der Vollkommenheit, Schönheit und Liebe. Schon einige Male durfte ich bei meinen Klienten in Inkarnationen auf der Venus Einblick nehmen. Denn es ist auch heute so, daß viele Lichtarbeiter schon einmal dort inkarniert waren und in diesem Erdenleben ihr dort vervollständigtes Wissen hier einbringen dürfen.

Auf der Venus existierte damals, als es auf der Erde im Verlauf der dritten Wurzelrasse kritisch wurde, Sanat Kumara, auch der "Alte der Tage" genannt. Er hatte eine lange Schule hinter sich, unter anderem auf einem anderen kleinen, der Erde ähnlichen Planeten, und er war von höchster geistiger Vollkommenheit. Es führt jetzt an dieser Stelle zu weit, auf Einzelheiten einzugehen. Man findet in der Zwischenzeit sehr gute Literatur über seine Herkunft, zum Beispiel das Buch "Die Erde ist in meiner Obhut" von Janet McClure.

Was geschieht nun heute oft, wenn eine Firma aufgelöst wird, weil sie nicht mehr lebensfähig erscheint? Die Mitarbeiter werden sehr oft arbeitslos und können für lange Zeit nur noch mit Stillstand rechnen. Und genau an diesem Punkt stand damals unsere Erde. Man überlegte auf den höheren Ebenen, ob man den Planeten Erde wieder auflösen sollte. Aber damit wäre den auf ihr lebenden Wesen die

Chance der Vollendung genommen worden. Sanat Kumara kannte den geplanten Beschluß der Auflösung. Nachdem ihn seine weibliche Ergänzung Lady Venus ermutigt hatte, sich der Erde und ihrer Bewohner mit aller Kraft zu widmen, faßte er den folgenschweren Entschluß, der ihn letztendlich Millionen von Jahre an die Erde binden sollte. Niemand hatte mit dieser Zeitspanne gerechnet, aber die Erdenbewohner waren so widerspenstig geworden, daß es sehr lange brauchen sollte, bis sein Licht einen gewissen Erfolg verzeichnen würde.

Wie aber ging nun der Abstieg von Sanat Kumara vonstatten?

Es wird folgendes berichtet: Sanat Kumaras Wohnsitz auf der Erde sollte Shamballa sein, die zeitlose Stadt. Als Standort wählte man zunächst die Wüste Gobi aus. (Heute befindet sich Shamballa ätherisch über Long Island.)

Dann wurden dreißig Seelen der Venus, die sich freiwillig für diese Aufgabe gemeldet hatten, ausgewählt, um auf der Erde zu inkarnieren. Es heißt, daß es damals nur ganze zwölf Erdenbewohner gab, die die Voraussetzungen erfüllten, als Eltern ihre Aufgabe korrekt zu erfüllen. So inkarnierten bei jedem Elternpaar fünf Seelen der Venus. Da sie ja nun in die Dichte der Materie gegangen waren, mußten sie genau wie wir zunächst ihren Weg finden, das heißt, sie mußten sich auch gegenseitig finden, um ans Werk zu gehen.

Shamballa existierte als Muster auf der Venus. So hatten sie dieses Muster verinnerlicht und mußten nun versuchen, es auf die Erde zu übertragen. Sie fanden sich also immer wieder zusammen, man sagt über einen Zeitraum von fast tausend Jahren, indem sie immer wieder inkarnierten, um ihre Vision in der Materie entstehen zu lassen. Dabei gab es auch Mißerfolge, aber dann konnte man endlich das Werk vollenden. So war es dann endlich soweit und der Herr der Venus konnte auf die Erde kommen. Das Wahrzeichen Sanat Kumaras ist der fünfzackige Stern. Sobald dieser Stern am Himmel sichtbar wurde, wußten alle Seelen der Venus und die dreißig auf der Erde inkarnierten Seelen, daß sein Abstieg auf die Erde begann. Der fünfzackige Stern ist auch vergleichbar mit dem Polarstern. Drei Assistenten begleiteten ihn auf die Erde und halfen ihm wie in einer Art Dreiecksformation bei diesem Prozeß.

Als sie in Shamballa ankamen, wurden sie von den dreißig Seelen in einem prächtigen Tempel empfangen. In diesem Tempel gab es einen Altar, aus dem in diesem Moment die Dreifältige Flamme der Venus hervorbrach. Die drei Assistenten, auch Kumaras genannt, verbanden sich mit dieser Flamme. Jeder wählte eine bestimmte Flamme, einer die blaue Flamme der Kraft und des Willens, ein anderer die goldene Flamme der Erleuchtung und der letzte schließlich die rosafarbene Flamme der Liebe. Die Dreifältige Flamme sollte die Energie der Venus über Millionen Jahre auf der Erde verstärken und erhöhen, so daß jedes inkarnierte Wesen die Chance bekam, sich zu einem Lichtträger zu entwickeln. Nun konnte Sanat Kumara seine Arbeit als Herr der Erde und als ihr Retter beginnen.

Über Jahrhunderte hin versuchte er also, alle Seelen, die den Wunsch zur Vervollkommnung verspürten, geistig in Shamballa zu schulen, damit sie endlich irgendwann ihren Plan erfüllen konnten. Jedes Wesen, das diesen Willen deutlich zeigt und äußert, erhält so die Gelegenheit, dort im feinstofflichen Bereich seine Schulung zu erhalten. So wird noch immer die Freiheit des Willens gewahrt. Unser Tagesbewußtsein hat keine Erinnerung an die Geschehnisse im Feinstofflichen, aber sehr schnell verändern sich Lebenseinstellung, Umgangsformen und Ideen. Der Mensch lebt einfach bewußter. So galt und gilt es nach wie vor, das dort Erlernte und Erfahrene in der Materie umzusetzen, auch wenn noch so viel Widerstand spürbar ist. Der Erfolg bleibt nicht aus.

Sanat Kumara nun kam von der Venus mit den einzigen Waffen, die er für diesen langen Kampf hatte, nämlich Licht und Liebe. Lange Zeit, viele Jahrhunderte, versuchte er sein Bestes, um diesen Kampf alleine zu bestehen. Dann jedoch hatte er die Idee einer Bruderschaft. Er verspürte den Wunsch, unter den Erdenbewohnern, das heißt, ihren Seelen, Gefährten zu finden, die bereit waren, ihm bei seiner schwierigen Aufgabe der Evolution über Zeitalter hinweg zu helfen. Dazu gehörten natürlich ein starker Wille und auch die Bereitschaft, genau so lange, vielleicht noch länger als er, dem Ziel zu dienen, komme was da wolle. Und so ergab es sich nach langer Suche, daß sich zwei Seelen fanden, die seiner Anforderung gerecht wurden. Der eine Helfer war LORD GAUTAMA, auch BUDDHA genannt. Er ist heute der Herr der Welt. Der andere wurde der KOSMISCHE CHRISTUS - LORD MAITREYA, auch LORD DIVINO genannt.

Noch heute ist es so, daß jede Seele, die sich bereit erklärt, als Lichtarbeiter auf der Erde tätig zu werden, von Sanat Kumara und Maitreya überprüft wird, ob sie wirklich geeignet ist, begleitet von der Kraft des fünfzackigen Sternes ihren Dienst so zu verrichten, daß sie in der Lage ist, ihr äußeres Bewußtsein mit dem der Aufgestiegenen Meister zu verbinden, um den seit ewigen Zeiten gültigen göttlichen Plan zu erfüllen. Dazu gehören ein starker Wille, Liebe, Ausdauer, Selbstdiziplin und nicht zuletzt die Bereitschaft zum selbstlosen Dienen.

Die Funktionen der Mitglieder der Weißen Bruderschaft

Sanat Kumara diente also zunächst als Herr der Welt.

Diese Position ist die höchste in der geistigen Hierarchie. Lord Gautama nahm das Amt des Buddha wahr, indem er sich durch innere Reisen dazu entwickelte und praktisch als erstes Wesen die Erleuchtung fand. Er verkörpert die Liebe Gottes auf der Erde, um die Seelen immer noch mit ihrem Ursprung zu verbinden.

Der kosmische Christus oder Weltlehrer, damals Lord Maitreya, hilft den Seelen, auf der Erde ihr Bewußtsein zu entwickeln, indem er sie mit der Wirkung des Buddha konfrontiert. Er ist sozusagen das Oberhaupt der Weißen Bruderschaft oder sagen wir: der Meister und Lehrer der Meister. In einem früheren Leben war er als Krishna inkarniert. Man sagt, er überschattete das Leben von Jesus. Das bedeutet, er verschmolz sein spirituelles Bewußtsein mit dem physischen Körper und dem Bewußtsein von Jesus, und zwar zum Zeitpunkt der Taufe durch Johannes am Jordan. So stammten also viele Aussagen und Taten Jesu in Wahrheit von Maitreya, dem kosmischen Christus.

Die von vielen Religionen erwartete zweite Ankunft des Christus ist so zu sehen, als daß dieses Christusbewußtsein sich in allen inkarnierten Seelen ausdrücken soll, indem der kosmische Christus alle überschattet. Eigentlich ein logischer Ablauf, der uns allen nur bewußt werden muß.

Im Jahre 1956 erst durfte Sanat Kumara dann endlich die Erde wieder verlassen und zur Venus zurückkehren, nachdem sich Gautama über lange Zeit hin für das Amt des Herrn der Welt qualifiziert hatte. Allerdings bat Sanat Kumara darum, bis zum Erreichen des gesetzten Zieles, des Aufstieges der Erde, noch deren Regent zu bleiben. Diesem Wunsch wurde entsprochen.

Maitreya trat damit an die Stelle Lord Gautamas und wurde Buddha unter dem Namen Lord Divino. Da er unter anderem ja die Aufgestiegenen Meister Jesus und Kuthumi geschult hatte, folgten sie ihm auf den Platz des Weltlehrers. Cohan des zweiten Strahles wurde damals Lanto als Nachfolger von Kuthumi. Nada folgte Jesus auf dem sechsten Strahl. Späterhin erarbeitete sich auch Lanto gemeinsam mit Djwal Khul den Platz des Weltenlehrers im Sinne der Weisheit und Erleuchtung. Lanto folgte dann später Konfuzius, der somit Cohan des zweiten Strahles wurde.

Nun gehören jedoch, wie wir alle wissen, zum universellen Geschehen nicht nur der Vater und der kosmische Christus, sondern auch der kosmische Heilige Geist. Der kosmische Heilige Geist, auch Aeolus genannt, hat diese Aufgabe für alle Planeten übernommen, die sich mit unserer Erde im gleichen Sonnensystem befinden, und zwar in Verbindung mit der Energie der sieben Strahlen. Er unterstützt sozusagen die Erfüllung des göttlichen Planes im Zuge der Zusammenarbeit sämtlicher Planeten.

Der Maha Cohan nun verkörpert den Heiligen Geist für den Planeten Erde. Er hat die Leitung über die sieben Cohane oder Lenker der sieben Strahlen übernommen. In diesem Sinne empfängt er über den Aeolus die universelle Energie, die er sogleich an die sieben Cohane verteilt, damit diese Energie dann über die sieben Strahlen an die Lichtarbeiter auf der Erde weitergegeben werden kann. Das heißt, so erreicht die universelle Energie, oder wie wir anfangs sagten, die Lichtsubstanz, die materielle Ebene, um dort eine bestimmte Form zu erlangen und einen schon lange gefaßten Plan zu erfüllen. Er steht also sozusagen mit Helios und Vesta und dem Aeolus gleichzeitig in Verbindung.

Aber nicht nur die menschlichen Bereiche werden so erreicht. Wie wir schon gesehen haben, werden auch das Naturreich und das Elementarreich durch seine Energie beseelt, um die gewünschten Formen zu erschaffen.

Ich habe im Laufe meiner Arbeit festgestellt, daß alle genannten Energien mit Lichtarbeitern direkt zusammenarbeiten, natürlich je nach Aufgabe. Die einzige Ausnahme bildet nach meiner Erfahrung Aeolus, der offensichtlich seine Energie durch den Maha Cohan heruntertransformiert, was einleuchtend und logisch erscheint, da es ja die gleiche Energie ist, die nur auf die sieben Strahlen verteilt wird.

Sinn und Ziele der Weißen Bruderschaft, ihrer Strahlenarbeit und ihrer Meister

Kommen wir jetzt auf den Sinn und Zweck unserer ursprünglichen Firma zurück. Wir hatten gesagt, daß dieses Unternehmen nicht mehr seinen einst ins Auge gefaßten Zweck verfolgte.

Sanat Kumara war gekommen, um das Schiff vor dem Versinken zu retten. Er hatte einige Helfer gefunden, die ihm unerschütterlich zur Seite standen. Das jedoch genügte nicht allein. Die Verantwortung war zu groß, er konnte sich nicht einfach zurückzuziehen, sondern mußte warten, bis es genügend verantwortungsvolle Mitarbeiter gab, denen er die Leitung bestimmter Ressorts übertragen konnte.

Jedes gesunde Unternehmen profitiert von erfahrenen Abteilungsleitern, die ihre Mitarbeiter im richtigen Maß führen und belohnen. Aber auch ein guter Abteilungsleiter muß sich vom Lehrling über den guten Mitarbeiter, der auch noch seine Fehler macht, entwickeln, bis man ihm dann einen eigenverantwortlichen Posten übertragen kann.

Wie ich anfangs erwähnte, gibt es die sieben Stufen der Präzipitation, verbunden mit den sieben göttlichen Strahlen, die alle Wesen zunächst zu durchlaufen haben. Also können wir sagen, es gibt sieben Abteilungen, in denen sich die Mitarbeiter gemäß ihrem göttlichen Plan unter Beweis stellen. Alle haben natürlich den Wunsch, selbst einmal Abteilungsleiter zu werden. Aber der Weg dahin ist lang und steinig, und viele haben es in Tausenden von Jahren noch nicht einmal bis zum stellvertretenden Abteilungsleiter geschafft. Immer wieder war die Last zu groß und die Kündigung die Folge.

Dabei gaben und geben sich die Abteilungsleiter alle Mühe, denn sie möchten ihre Hierarchie sehr gerne vergrößern, damit das Unternehmen schnellstmöglich sein Ziel erreicht, nämlich den Aufstieg aller Seelen.

Kommen wir nun zu den einzelnen sieben Abteilungen, oder Strahlen, und zu ihren Lenkern, Cohane genannt. Die verschiedenen Elohim und Erzengel und ihre Aufgaben habe ich ja schon erwähnt. Ich werde sie aber nochmals zum besseren Verständnis angeben.

Die Cohane der einzelnen Strahlen werden als Aufgestiegene Meister bezeichnet. Was nun sind Aufgestiegene Meister?

Es handelt sich hierbei um Wesen, die genau wie wir einst in physischen Körpern lebten, sowohl in ganz normalen als auch in hochstehenden und historisch bekannten Verkörperungen. Teilweise legten sie aber auch, wie wir noch sehen werden, nur gewisse Bewußtseinsanteile, wie beispielsweise den Aspekt der Freiheit, in bekannte Persönlichkeiten. So

36

war es möglich, daß sie mit mehreren Anteilen in verschiedenen Körpern gleichzeitig präsent sein konnten, von kurzfristigen Materialisationen abgesehen, die sie bei Bedarf immer vornehmen können. Der Vorteil dabei ist, daß sie viele Probleme, die wir haben, sehr gut nachvollziehen können. Sie haben sie ja selbst erlebt. Allerdings sind ihnen Raum- und Zeitbegriffe verlorengegangen, und so können sie körperliche Mißstände und Erschöpfung nicht mehr gut nachvollziehen, da sie dies ein für allemal überwunden haben.

Um uns auf unserem Wege helfen zu können, haben sie auf die endgültige Rückkehr ins absolute Licht, oder Nirvana, freiwillig verzichtet. Das heißt, sie dienen freiwillig, in sehr hohen Sphären, den Menschen, um ihnen unter Berücksichtigung ihres freien Willens dabei zu helfen, ihr Ego zu transformieren und ihren Weg in Verbindung mit ihrer Karmaerlösung zu gehen. Dabei dienen sie als Lehrer der Menschen, als Ratgeber des Höheren Selbstes, jedoch ohne eine Abhängigkeit zu schaffen. Der freie Wille ist oberstes Gebot. Es ist sozusagen die innere Stimme des Menschen, die mit ihnen in Kontakt steht. Die Meister bezeichnen uns als ihre Schüler. Sie kennen den Lebensplan jedes einzelnen Schülers, seine karmischen Muster, und so versuchen sie, ihn in Akzeptanz und Toleranz seiner Mentalität, Emotionen und aller anderen Begrenzungen, durch Liebe und Fürsorge allein, zu begleiten.

Wie am Anfang erwähnt, hat jeder Lebensstrom, der sich freiwillig zur erneuten Inkarnation entscheidet, einen Strahl gewählt, auf dem er sich in diesem Leben vervollkommnen will. Entsprechend wird er dann von einem der Cohane betreut. Das heißt aber nicht, daß wir nicht die Hilfe aller Meister, Elohim und Erzengel erbitten dürfen. Letzten Endes kommen wir ja immer wieder mit allen Aspekten der sieben Strahlen in Berührung. So ist es sinnvoll, zu wissen, welcher Meister in jedem Moment ansprechbar ist. Es erleichtert den Alltag wie auch den geistigen Fortschritt in großem Maße. Die Meister sind gewissermaßen das Sprachrohr oder die Diplomaten Gottes. Auch wenn wir IHN ansprechen oder anrufen, fangen die Meister die Bitten und Anträge auf, überbringen sie, und so empfangen und leiten sie auch die Antworten und Hilfestellungen an uns weiter. Sie sind also vergleichbar mit den Kontrollstationen, die ich ganz zu Anfang erwähnte.

Fast allen Meistern, Elohim und Erzengeln sind sogenannte Lichtbrennpunkte oder Lichttempel zugeordnet. Teilweise sagt man, sind diese Tempel noch physisch vorhanden, die meisten jedoch befinden sich heute dort im Ätherbereich, also im Feinstofflichen, wo sie früher einmal physisch zu finden waren, wie beispielsweise in Atlantis. In diesen Lichttempeln ist die Energie des Meisters, des Elohim oder des Erzengels wie in einer starken Essenz konzentriert. Die Schüler haben des Nachts die Möglichkeit, in ihrem astralen Körper dorthin zu reisen und zur Schulung um Einlaß zu bitten. Dort werden sie dann auf ihre Aufgaben im Sinne des Strahles vorbereitet, auf dem sie inkarnierten, alles jedoch in Absprache mit ihrem Lebensplan. Die wenigsten jedoch können sich in ihrem Tagesbewußtsein an diese Schulungen erinnern. Manchmal fühlt man sich morgens unausgeschlafen, müde, kraftlos oder so, als hätte man die ganze Nacht im Wachzustand verbracht. Das sind Zeichen intensiver nächtlicher geistiger Arbeit. Gerade auch in Zeiten, in denen Kriege herrschen, helfen die Lichtarbeiter nachts mit, um konstruktiv am Frieden mitzuarbeiten. Über die Lichttempel kann man sehr schön in den Schriften der *Brücke zur Freiheit* nachlesen.

Jeder einzelne der sieben Strahlen ist einem Wochentag und einem Chakra zugeordnet. So können wir uns auch über bestimmte Meditationen an bestimmten Tagen auf die einzelnen Meister einstellen und ihre Energie speziell aufnehmen. Die Chakren reagieren in ihrer Funktion auf die einzelnen Strahlen.

Die hohen Wesen suchen sich auch geschulte Kanäle, Medien, aus, die sich schon vor ihrer Inkarnation dazu bereit erklärt haben, die Anweisungen und Belehrungen der Meister an die Menschheit zu übermitteln. Hier verweise ich auf mein Buch "Channeling - Medien als Botschafter des Lichts", in dem diese Form der Kontaktaufnahme genau beschrieben wird. Es gibt dabei nichts Mystisches oder Geheimnisvolles. Wir Menschen befinden uns lediglich auf einer anderen Stufe der Existenz als diese aufgestiegenen Wesen. Sie wollen auch nicht als Götter verehrt oder auf einen Sockel gestellt werden. Sie sind sich ihrer Pflicht bewußt, und so freuen sie sich über jedes Wesen, das bereit ist, mit ihnen in die Kommunikation zu gehen. Der Weg ist jedoch nur dann frei, wenn wir alle negativen Gedanken und Emotionen ablegen können, wenn wir unser Ego so transformieren, daß es nicht mehr manipulieren, sondern selbstlos dienen will. Erwähnen möchte ich noch kurz, daß die Schüler- bzw. Lichtarbeiterkreise der Meister und der Elohim mit den gleichen Aspekten zu tun haben. Deshalb gehe ich hier nur auf die Meister ein. Es wäre sonst zu umfangreich. Allerdings ist mir in meiner Arbeit aufgefallen, daß die Schüler der Elohim oftmals größere Blockaden beseitigen müssen, um in ihre Aufgabe kommen zu können. Es sieht so aus, als bedürften sie noch mehr einer Intensivierung der Energie.

Gechannelte Durchgaben der Aufgestiegenen Meister

Und nun komme ich zu unseren Helfern und ihren Aufgabenbereichen:

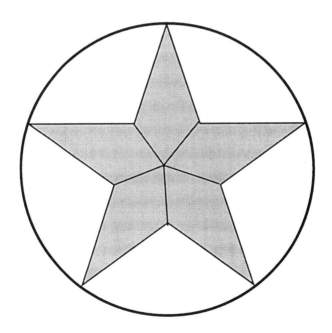

El Morya

1. Strahl: Lenker oder Cohan: EL MORYA

Frühere Inkarnationen und Wirken: U. a. König Arthus, König Melchior - einer der drei Weisen, König Rajput von Indien, Thomas More, Jacques de Molay - letzter Großmeister der Templer

Strahlenfarbe: Königsblau mit weißer Strahlung

Lichttempel: Physisch in Darjeeling in einer Teeplantage

Wochentag: Sonntag

Chakra: Halschakra

Erkennungsmelodie: *Pomp and Circumstance* von Sir Edward William Elgar

Elohim: Herkules und Amazone

Erzengel: Michael und Faith

Aufgabenbereich: Wille Gottes, Schutz, Macht, Kraft, Stärke, Selbstvertrauen

Unterstützt wird der blaue Strahl seit 1983 von dem mächtigen Wesen SIRIUS - Göttin der Regeneration, einem weiblichen Aspekt, dem Aspekt von Lady ISIS.

Sie hat die Aufgabe, die höher werdenden Schwingungen auf die Erde für uns erträglich herabzutransformieren.

El Morya gründete zusammen mit Kuthumi und Saint Germain Ende des 19. Jahrhunderts die Theosophische Ge-

43

sellschaft. Zu dieser Zeit manifestierte sich zum ersten Mal das Wissen um die Aufgestiegenen Meister. Damals diente Helena Blavatsky ihnen als Medium. Wer sich mit ihr einmal beschäftigt hat, wird leicht erkennen, welche Charaktermerkmale die Schüler des ersten Strahles mitbringen müssen. El Morya schult alle Politiker im feinstofflichen Bereich. Immer wieder vertraut er darauf, daß sie sich im Tagesbewußtsein ihrer edlen Versprechen und Einsichten erinnern. König Arthus war im symbolischen Besitz des Grals und des Schwertes Excalibur. Der Gral bedeutet das uralte Wissen, das hohe Bewußtsein, der Glaube, der Wille und die Macht Gottes, um den Plan zu erfüllen, also wiederum die erste Stufe der Präzipitation. Das Schwert symbolisiert die Kraft und das Durchsetzungsvermögen.

*****

Einige seiner Worte zum ersten Strahl (aus meinem Buch "Channeling - Medien als Botschafter des Lichts"):

"Wir, die wir uns für den ersten Strahl einsetzen mit all unserem Engagement, erwarten von allen, die ihre Bewerbung auf den blauen Lichtstrahl, in die Sphäre des Willen Gottes senden, Klarheit, Wahrheit, Mut, starken Willen und großes Selbstvertrauen. Das sind unsere Qualifikationen, um euch aufzunehmen als Anwärter auf eine Position im Sinne Eurer Berufung. Ihr werdet mächtigen Prüfungen unterzogen, damit wir sehen, ob ihr in der Lage seid, eure Aufgaben alleine mit Mut zu vollbringen. Oftmals müßt ihr überdenken, ob der Gang mit einem Anliegen zu eurem Abteilungsleiter wirklich notwendig ist. Bewahrt Ruhe, Gelassenheit und lernt, daß ich alles überwache, und daß es an mir ist, euch zur Ordnung zu rufen oder zu berichtigen, sobald die Notwendigkeit besteht.

Ich schätze bei meinen Mitarbeitern ihren Enthusiasmus, ihre Lebensfreude und ihre Begeisterungsfähigkeit für neue Dinge. Nichts ist ihnen zuviel, sie sind hilfsbereit untereinander, und sie schätzen all ihre Mitbewerber ohne Neid und Eifersucht. Sie helfen sich gegenseitig, und sie üben eine Konversation, die Stil und Reife beweist. Kein unüberlegtes Wort schädigt ihr Umfeld, ihr menschliches Charisma strahlt ab auf alle, die ihnen begegnen. An ihrem zurückhaltenden und bescheidenen Wesen könnt ihr sie erkennen.

Verletzungen schmerzen sie sehr, doch sind sie nicht nachtragend. Ein offenes Gespräch reinigt die Atmosphäre. Ihr Heim strahlt im Glanz des blauen Lichtes, eine mütterliche Wärme umgibt sie. Sie geben gerne und halten nichts zurück.

Nicht zuletzt sind sie ausgestattet mit dem meinerseits bekannten strengen Blick, der anzeigt, wenn die Richtung verfehlt wird. Blau ist ihre Farbe.

Mögen alle, die sich zur Mitarbeit in meiner Abteilung berufen fühlen, den Mut haben, anzuklopfen und die Prüfungen abzulegen. Der Lohn wird nicht ausbleiben."

Unterstützt wird El Morya von Erzengel Michael, dem Engel des Glaubens und des Schutzes. Er arbeitet mit seinem blauen Flammenschwert und ganzen Legionen von Engeln gegen alles Böse.

Der mächtige Herkules verstärkt den Aspekt des Willens und der Entscheidungskraft im Menschen. Ein von ihm oft ausgesprochener Satz lautet: "Und Gott bewahre mich vor schwankenden Menschen." Der Wille zur Tat ist sein großes Thema, vor allem im Sinne der Präzipitation. Ist der Entschluß einmal gefaßt, soll er mit Mut, Wille und Kraft verfolgt werden.

Kuthumi

Da es von Konfuzius (noch) kein Bild von Armando de Melo gibt, haben wir Kuthumi abgebildet, ehemals Lenker des Strahls.

2. Strahl: Lenker oder Cohan: Konfuzius

Strahlenfarbe: Goldgelb
Lichttempel: Tempel der Präzipitation - physisch im Teton-Gebirge in den Wyoming-Rocky-Mountains in Nordamerika
Wochentag: Montag
Chakra: Scheitelchakra
Erkennungsmelodie: *Oh, du mein holder Abendstern* von Richard Wagner
Elohim: Cassiopeia und Minerva
Erzengel: Jophiel und Constance
Aufgabenbereich: Lehren, alte Weisheit, Erleuchtung, Erkennen des göttlichen Planes

Wie wir wissen, waren auch Kuthumi und Lanto für lange Zeit die Lenker des goldgelben Strahlen. So treffen die Merkmale auch auf ihre Schüler zu. Der goldene Weisheitsstrahl dient dazu, Lichtarbeiter zu entwickeln, die anderen Menschen auf ihren Weg bringen sollen. Dabei schöpfen sie aus einer uralten Weisheit, auch aus alten Künsten und Traditionen.

Viele von ihnen arbeiten mit einzelnen Menschen oder in Gruppen. Aus meiner Arbeit weiß ich, daß manche wirklich lange brauchen, bis sie ihren richtigen Weg gefunden haben, um mit Mensch, Tier, Mineral und Pflanze zu arbeiten, denn gerade der Einfluß Kuthumis, der als Franz von Assisi alle Liebe sämtlichen Lebewesen der Erde widmete, wird hier sehr stark bemerkbar. Aber nicht nur diese direkte Arbeit an der Basis, sondern auch die Denker, Lehrer, Trainer, die mit viel Liebe, Weisheit und Güte arbeiten, gehören dazu. Alte Künste werden wieder wach. Auch die Verständigung der Menschen untereinander ist ihnen ein großes Bedürfnis.

*****

Einige Worte von Konfuzius:

"Es ist mir ein Anliegen, ein paar Worte über die Tätigkeiten meines Strahles an alle zu richten, die sich in seinen Dienst stellen möchten.

Der zweite Strahl bedient sich der Weisheit aller Mitarbeiter. Diese Weisheit dient als Grundlage für das Lehren, für die Erhaltung des Friedens und für die Erleuchtung, die mit fortschreitender Entwicklung einhergeht. Auch Meister Kuthumi bedient sich diesen Strahles. Wie ihr wißt, waren viele seiner Inkarnationen von Weisheit, Brüderlichkeit und bedingungsloser Liebe geprägt. Unsere Mitarbeiter sind aufgefordert zum In-sich-gehen, denn nur dort finden sie ihre ureigene Weisheit, die sie erstrahlen läßt in ihrem unverwechselbaren Licht. Jeder unserer Mitarbeiter ist einmalig in seiner Erscheinungsart, in seinem Tun im Dienste der Menschen.

So finden sich in dieser Abteilung viele ein, die sozusagen das Prädikat "sehr wertvoll" verdienen. Aber sie müssen es sich oft mühevoll erarbeiten. Alte Künste und Talente sind ihnen eigen, jedoch mehr auf dem Gebiet des Umgangs mit Menschen. Ihre Fähigkeiten dienen oft dem Fortschritt der Menschen, ihrer Weiterentwicklung, dem Lehren im allgemeinen, aber auch antiken Künsten, die heute nicht mehr so bekannt und gelebt sind. Die Menschen suchen ihren Rat, sie schätzen ihre Ruhe und Gelassenheit, wenn sie sich selbst gemeistert und ihre Ausgeglichenheit gefunden haben.

Dieser Weg der Selbstbemeisterung ist für sie oft schwer, denn oftmals fühlen sie sich einsam und alleine gelassen. Sie müssen ihnen schwer erscheinende Aufgaben selbst erledigen, denn dies sind ihre schwersten Prüfungen. Sehr schwer meistern sie das Thema "Vertrauen". Existenzängste und eine gewisse Schwerfälligkeit im Sinne der Eigeninitiative prägen ihren anfänglichen Weg. Haben sie jedoch ihre Prüfungen bestanden, spüren sie eine gewisse Sicherheit, dann wachsen sie über sich hinaus. Dann spüren sie, wie wertvoll sie sind für ihre Mitmenschen. Erst dann lassen wir sie hinausgehen in ihre Arbeit, damit sie einbringen die goldene Ernte der Weisheit. Sie sind sozusagen die Kämpfer an der Front, die Außendienstmitarbeiter der geistigen Hierarchie. Alles braucht seine Zeit, und gute Mitarbeiter müssen gut geschult sein, damit ihre Lehre die Menschen erreicht. Nur Geduld kann diese Beförderung ermöglichen.

Erzengel Jophiel unterstützt den zweiten Strahl im Sinne der Erleuchtung. Gerade Lehrer, Erzieher, Künstler und Forscher werden nachts in seinem Tempel geschult, sie erhalten dort ihre Inspiration. Auch Träume und Eingebungen, die der Weisheit und Erleuchtung dienen, kommen aus seinem Bereich. Ideen nehmen dort Formen an. Der Wunsch wird gemäß der zweiten Stufe der Präzipitation in eine Form gebracht.

Elohim Cassiopeia hat den Aspekt der massiven Kraft der Aufmerksamkeit in sich. Der Plan wird zur Gestalt. Die Wahrnehmung und die Weisungen zur Verwirklichung sind seine Aufgaben.

Rowena

3. Strahl: Lenkerin oder Cohan: Lady Rowena

Frühere Inkarnationen und Wirken: Priesterin in Atlantis, Aphrodite, Johanna von Orléans, Hl. Bernadette, Marie Antoinette, Maria Stuart
Strahlenfarbe: Rosa
Lichttempel: ätherisch in Südfrankreich im Rhônetal - Château de Liberté
Wochentag: Dienstag
Chakra: Herzchakra
Erkennungsmelodie: *Marseillaise*
Elohim: Orion und Angelika
Erzengel: Chamuel und Charity
Aufgabenbereich: Freiheit, Toleranz, Barmherzigkeit, Schönheit, göttliche Liebe

In diesem Bereich werden die Ideen und Wünsche in wirkliche Formen gebracht. Dazu ist jedoch die Liebe erforderlich. Diese Liebe des dritten Strahles magnetisiert sozusagen. Bis 1964 amtierte auf diesem Strahl Paul, der Venezianer, in seiner letzten Inkarnation bekannt als der Maler Paolo Veronese. Er übernahm dann das Amt des Maha Cohan.

Der dritte Strahl soll auch die Talente fördern, alle Genies werden von dort aus unterstützt. Also die Schöpferkraft entsteht hier gemäß dem Plan, die dritte Stufe der Präzipitation, kombiniert mit der Entfaltung der Liebe.

Einige Worte von Rowena:

"Meine Worte an alle, die ihre Mitarbeit in unserem Sinne anstreben, sollen dazu auffordern, den Schritt in die Freiheit zu tun, in eine Freiheit des ganzen Individuums. Nur so können sich Charaktermerkmale entfalten, die allem Sein zu Diensten sind, Mensch, Tier, Pflanze und Mineral, nicht zuletzt der Mutter Erde. Freiheit, Toleranz allem Leben gegenüber, Sinn für Schönheit und Muse sind meinen Lichtarbeitern in die Wiege gelegt. Aber wieviele von ihnen müssen hart kämpfen, um ihre weichen und zarten Seiten ausleben zu dürfen. Mangelnde Freiheit ist der Aspekt, der sie trennt vom Kern ihres Wesen. Nur wenn sie erreicht ist, lebt die Seele auf, erkennt sie die Brillanz im Sinne des Dienstes zum Wohle aller.

Aber Freiheit bedeutet oft Widerstand, den es zu überwinden gilt. Auch ich mußte oft kämpfen um der Freiheit willen. Wie oft verlor ich sie gerade durch meinen Kampf. So will ich ausdrücken, daß viele meiner Mitarbeiter zunächst durch tiefe und anstrengende Täler wandern, bis sie erkennen, wo ihre Stärken liegen. Die Kunst ist vielen mitgegeben, denn gerade durch das Er-Leben der Künste werden viele frei. So wird ihr Wert geschätzt. Sie strahlen durch ihr Sein und ihr Wirken. So erfreuen sie andere mit ihrem ruhigen, zurückhaltenden Wesen

Leider muß ich sie immer wieder dazu anhalten, ihr Licht nicht unter den Scheffel zu stellen. Man kann sie sehr schnell verletzen, so daß sie oftmals lange Zeit nicht fähig sind, wieder von vorne zu beginnen. Sie verlieren dann einfach ihre Sicherheit, gerade bei scharfer Kritik. Sie sind nun einmal im Grunde ihres Herzens Lebenskünstler. Man darf sie nicht unterjochen und einsperren. Strenge Disziplin verwirrt sie. Sie lieben die Toleranz über alles. Aber aus gerade diesem Grund werden sie oft ausgenutzt. Ihr ausgeglichenes Wesen leidet unter Intrigen und Klatsch. Sie ziehen sich dann zurück in ihr Schneckenhaus und flüchten oft in Krankheit.

In unserem Unternehmen würde man sagen, sind sie die musisch begabten, die im Hintergrund und still wirken, die die Harmonie stiften und immer wieder ausgleichen.

Wie ihr sicherlich wißt, geben die Meister oftmals gewisse Bewußtseinsanteile von sich mit in die Inkarnationen. Diese dienen dann dem schnelleren Erreichen des Seelenzieles. Es sind insofern Seelen, die sich schon weit entwickelt haben und keine leichten Aufgaben übernehmen. So möchte ich in meinem Falle ein paar Beispiele nennen, die euch sicherlich überzeugen: Prinzessin Diana, Grace Kelly, Rosa Luxemburg und Anne Frank.

Sie alle haben gekämpft, Liebe und Schönheit verkörpert, eine feine und ästhetische Art gezeigt, aber auch Spuren der Befreiung hinterlassen, indem sie zeigten, wie man seinen Selbstwert deutlich macht.

Nicht alle Anstrengungen sind irdisch immer von Erfolg gekrönt. Oft bleibt in der Materie der Lohn auf der Strecke. Der geistige Lohn jedoch übertrifft jeden irdischen Maßstab. So bitte ich alle, die sich in meiner Abteilung einfinden, um Geduld und unablässiges Bemühen. Jede Erinnerung, die von Euch zurückbleibt, läßt den Samen der Freiheit aufgehen.

Erzengel Chamuel ist der Engel der Liebe und Anbetung. Durch sein Wirken entsteht eine große Dankbarkeit, die auch alles Wachstum steigert.

Elohim Orion beschäftigt sich damit, der Erde den Frieden zu schenken, indem er alles Unvollkommene umschließt und beseitigt. So können wir ihn auch bitten, Disharmonie zwischen Menschen auf der Basis bedingungslos liebender Vergebung aufzulösen.

Serapis Bey

4. Strahl: Lenker oder Cohan: Serapis Bey

Frühere Inkarnationen und Wirken: Priester in Atlantis, Hl. König Balthasar, Spartanerkönig Leonidas, Phidias - Architekt in Griechenland, Erbauer der Tempel von Theben und Karnak

Strahlenfarbe: Weiß

Lichttempel: ätherisch über Luxor - Ägypten

Wochentag: Mittwoch

Chakra: Wurzelchakra

Erkennungsmelodie: *Liebestraum* von Franz von Liszt

Elohim: Claire und Astrea

Erzengel: Gabriel und Hope

Aufgabenbereich: Reinheit, Disziplin, Aufstieg, Stärke

Durch den vierten Strahl der Reinheit wird sozusagen eine Verbindung zwischen dem reinen göttlichen Plan und der Materie hergestellt.

Das bedeutet, daß alles, was wir umzusetzen versuchen, ständig in der Reinheit bleiben muß. Das ist nicht leicht, da wir über viele, viele Inkarnationen hin unsere Energie mißbraucht haben oder sie haben mißbrauchen lassen.

Wie wir wissen, entstand gerade das dadurch geschaffene Karma in Atlantis. Serapis Bey lebte dort als Priester. Zusammen mit einigen anderen gelang es ihm im letzten Moment, die Aufstiegsflamme vor dem Untergang zu retten. Diese Flamme wurde nach Luxor in Ägypten gebracht. Sie reinigt das Bewußtsein der Seelen und hilft ihnen, die Reinheit ihres Planes zu erkennen und aufrechtzuerhalten, sei es im Rahmen der Präzipitation oder ihres eigenen Aufstieges.

*****

Einige Worte von Serapis Bey:

"Gerade im Irdischen ist den meisten von euch die Tatsache nicht fremd, daß ein Unternehmen nur funktionieren, überleben und wachsen kann, wenn seine Mitarbeiter alle erforderlichen Voraussetzungen erfüllen. Ein Unternehmen lebt von seinen Mitarbeitern. Viele werden bewußt schon die Erfahrung gemacht haben, auch wenn es ihnen oftmals schwerfällt, daß nur ein gewisses Quantum an Disziplin, Wille und Kraft den Fortbestand eines Unternehmens und seine Stabilität garantiert.

Ich empfange in meiner Abteilung zur Schaffung des Produktes "Aufstieg" alle Bewerber, die - sagen wir - zunächst den letzten Schliff benötigen, um sich zu bewähren, dieser harten Disziplin folgen, die wir alle brauchen, um an einem Strang zu ziehen. Kleine Korrekturen werden vorgenommen, Klärung alter Verletzungen und Mißstände. Alles erfolgt in Liebe und mit großer Geduld. Ihr könntet mich vergleichen mit einem Personalchef, der vielen Bewerbern eine Chance gibt, da er erkannt hat, daß sie ein großes Potential in sich tragen, welches vielleicht durch Mißbrauch oder Bestrafung nicht so recht an den Tag kommen will. Gleichzeitig muß er dann aber auch über die Beförderungen entscheiden, über höhere Gehaltsstufen und anspruchsvollere Aufgaben.

Meine Aufgabe besteht also mit darin, alle Mitarbeiter zu beurteilen, ob sie letztlich dem Produkt Aufstieg gewachsen sind. Der Weg eines jeden einzelnen führt also an meiner Tür vorbei. Denn überlegt: Auf der geistigen Ebene seid ihr ganz alleine auf euch gestellt. Dort müßt ihr beweisen, daß ihr alle zu Führungskräften aufgestiegen seid. Niemand erteilt euch mehr Rat oder korrigiert eure Fehler. Dann seid ihr diejenigen, die zu führen haben. Lasse ich euch ohne die notwendigen Qualifikationen aufsteigen, fällt der Mißstand auf mich und alle anderen zurück. Ich muß hart beurteilen. Reinheit, Disziplin, absoluter Gehorsam dem göttlichen Willen gegenüber, Kraft und Stärke in allen Belangen sind unabdingbar. Nur wer alle diese Aspekte in seiner Seele vereint, darf unser Produkt in Händen halten. So kann ich nur sagen: "Versucht es!" Der Einsatz lohnt sich. Wer einmal in dem weißen Licht gebadet hat, der ist am Ziel allen Denkens und Handelns. Ich reiche stellvertretend für alle anderen Abteilungsleiter jedem die Hand und heiße ihn gemäß seinem Bewußtsein willkommen, damit er sich vervollkommnen darf."

Erzengel Gabriel ist ja bekannt als der Engel der Verkündung. Er kennt den Plan eines jeden Wesens. Ständig dient er als Überbringer der Impulse, um mit Disziplin, Kraft, Stärke und Selbstbeherrschung den Plan erfüllen zu helfen.

Elohim Claire schützt den unbefleckten Plan für die Erde und das ganze Universum. Er sorgt dafür, daß sich die Reinheitsflamme in all unseren Körpern immer wieder ausdehnen und den Kampf gegen dunkle Gefühle, Gedanken und Erinnerungen aufnehmen kann.

*****

Hilarion

5. Strahl: Lenker oder Cohan: Hilarion

Frühere Inkarnationen und Wirken: u.a. Apostel Paulus, Hl. Benedikt, Hl. Christophorus
Strahlenfarbe: Grün
Lichttempel: ätherisch über Kreta
Wochentag: Donnerstag
Chakra: Drittes Auge
Erkennungsmelodie: *Onward Christian Soldiers* von Arthur Seymour Sullivan
Elohim: Vista und Kristall
Erzengel: Raphael und Mutter Maria
Aufgabenbereich: Konzentration, Wahrheit, Heilung

Hilarions Hauptaufgabe ist, uns die Wahrheit über alles erlangen zu lassen, was letztlich die Erleuchtung bringt. Dazu gehört eine große Konzentration. Er hat sich dies zur Aufgabe gemacht, nachdem er in seiner Verkörperung als Paulus, der vorher Saulus war, gelernt hatte, was eine selbstgerechte Verurteilung, die aus dem Ego hervorgeht, anrichten kann. Er mußte schmerzhaft erfahren, was es bedeutet, wenn man Menschen verfolgt, um etwas zu berichtigen, was "angeblich" falsch ist. Ärzte, Pfleger, Wissenschaftler, Humanisten und Forscher werden von ihm geleitet, um den "wahren" Dienst an der Materie zu vollziehen.

Hier seine Worte:

"In meiner Abteilung herrschen grundsätzliche Prinzi-
pien. Alle meine teuren Mitarbeiter müssen lernen, ihre
Aufgabe von der Pike auf zu üben und zu gestalten. Wer
immer sich seinen Mitmenschen nähert, um ihnen Heilung
im Sinne der Medizin, der Psyche oder wie auch immer zu
bringen, muß zunächst sich selbst im Einklang mit allem
finden. Ihr alle werdet schon festgestellt haben, daß man
seine Arbeit, gleich was man tut, nur korrekt ausführen
kann, wenn man ausgeglichen, ruhig und ohne seelische
und körperliche Belastung ist.

Um diesen Zustand zu erreichen, muß man oftmals viele Schritte unternehmen. Man kann natürlich mogeln, sich
gesund stellen, seine Emotionen und Ängste verstecken. A-
ber habt ihr euch schon einmal darüber Gedanken gemacht,
was das zur Folge haben kann? Ihr wißt es genau. Es über-
trägt sich auf alle anderen, die in einer ähnlichen Verfas-
sung sind wie ihr. Das heißt, wenn ihr nun vorgebt, einem
Menschen helfen zu wollen, seine Blockaden zu beseitigen
und ihr selbst steckt in den gleichen Schuhen, lauft ihr Gefahr, eure eigenen Aspekte zusätzlich auf den anderen zu ü-
bertragen. Nur wer heil ist, kann heilen.

Um heil zu sein, muß man oftmals lange an sich arbeiten, denn im allgemeinen leidet man ja an Dingen, die nicht so leicht zu bewältigen sind. So muß man in meiner Abteilung damit rechnen, auf Herz und Nieren geprüft zu werden, bevor man die Ermächtigung bekommt, sich an andere heranzuwagen. Heilung muß eine Wirkung haben, sonst ist sie keine Heilung. Sie ist endgültig, es gibt keinen Rückfall, wenn ein Mensch korrekt geheilt ist. Alles andere sind Heilungsversuche, ein Messen der negativen und positiven Kräfte. Heilung bringen kann also nur der, der selbst wirklich heil ist. Er weiß sie auch zu schätzen.

Meine Aspekte des grünen Strahles sind: Konzentration, Wahrheit und Heilung. In diesem Sinne bitte ich um Beachtung der Reihenfolge. Konzentration und Wahrheit bedeuten, sich zu erkennen mit allen Stärken und Schwächen und sich auch die Mühe zu machen, die Dinge herauszufinden. Dann lernt man, optimal damit umzugehen, die Stärken zu nutzen und einzusetzen, die Schwächen zu verlieren. Was nutzt es jemandem, wenn er unbedingt ein guter Mediziner oder Heiler werden will, und er stellt fest, daß er eigenlich ein guter Schauspieler wäre. Wenn ein Mensch Chakrenblockaden besitzt, wenn er selbst krank ist oder große seelische Probleme mit sich herumschleppt, warne ich ihn eindringlich davor, sich heilerisch an anderen Menschen zu betätigen.

Ich weiß, was viele nun denken. Die Heilung, von der ich spreche, hat nichts mit der Behandlung von Symptomen zu tun, sondern sie fordert den Einsatz des ganzen Menschen. Nur wer heil und klar ist, kann die Ursache der Krankheiten und Blockaden erkennen und beseitigen. Auch gute Therapeuten, die von mir geführt werden, haben nur Aussicht auf langfristigen Erfolg, wenn sie selbst keiner Therapie mehr bedürfen und ein ausgeglichenes Wesen besitzen.

Ihr müßt wissen, daß eine Zusammenarbeit in unserem Unternehmen, oder sagen wir die Aufnahme als Mitarbeiter, hohe Ansprüche stellt. Sie ist sozusagen eine Belohnung für die Qualifikation. Und diese bedingt, daß ihr euch so weit vom Alltäglichen distanzieren könnt, daß ihr für die anderen Unternehmen überqualifiziert seid. Den letzten Schliff dürft ihr euch zwar erarbeiten, aber dafür habt ihr dann nur eine gewisse Zeitspanne zur Verfügung. Dann seid ihr verantwortlich für euer Tun. Die Verantwortung ist groß, vergeßt das nie.

Auch ich mußte mich in vielen Inkarnationen oftmals bemeistern, Zweifel und Emotionen verlieren, um anderen Heil und Wissen zu vermitteln. Nur die Einsicht kann euch helfen, die Tür zur Heilung zu öffnen."

Erzengel Raphael ist der Arzt Gottes. Er zieht dafür seine Energie direkt aus unserer physischen Sonne herunter, so auch von Helios und Vesta. "Heilen" stammt von dem Wort "Helios" ab. So lenkt er seine Energie direkt in alle, die sich mit der Heilung beschäftigen, jedoch nur diejenigen, die dazu berufen sind. Seine weibliche Ergänzung Mutter Maria ist das Oberhaupt der Heilung.

Elohim Vista ist neben den bereits genannten Aspekten des fünften Strahles auch für die Musik zuständig. Dadurch unterstützt er das Bewußtsein der Menschen mit Harmonie.

*****

Lady Nada

6. Strahl: Lenkerin oder Cohan: Lady Nada

Frühere Inkarnationen und Wirken: Priesterin in Atlantis, Maria Magdalena, Klara von Assisi, Scholastika (Schwester des Hl. Benedikt), Teresa von Avila, Hildegard von Bingen hatte Anteile von ihr
Strahlenfarbe: Rubinrot mit Gold
Lichttempel: innerhalb der sechsten Sphäre (hier wirken auch Jesus und Mutter Maria)
Wochentag: Freitag
Chakra: Solarplexus
Erkennungsmelodie: *A perfect day* von Bond, für Nada selbst: *Serenade* von Franz Schubert
Elohim: Tranquilitas und Pacifica
Erzengel: Uriel und Donna Grazia
Aufgabenbereich: Frieden, geistige Heilung, echtes Priestertum, Hingabe, Dienen, Gnade, Mitglied des Karmischen Rates

Nada übernahm das Amt des Cohans des sechsten Strahles, nachdem Jesus 1956 zum Weltenlehrer aufstieg. Nada bedeutet "nichts". Sie erarbeitete sich ihren Aufstieg durch selbstloses Dienen und Demut. Vielen Orden diente sie, indem sie dort durch Persönlichkeiten wirkte.

Nadas Worte:

"Laßt mich zunächst sagen, daß ich die Worte meines Bruders Hilarion nur betonen kann. Auch ich habe in meinem Leben viel an mir gearbeitet, um mich zu erkennen und meinen Aufstieg zu erlangen. Nicht immer ist es leicht, zurückzutreten und zu sagen: Ja, ich habe noch viel zu lernen, um anderen ein Vorbild zu sein. Denkt immer an Jesus, wie selbstlos und geradlinig er sein Leben gestaltete. Es gab bei ihm keinen Mittelweg. Er gab nur dem Heilung, der sie auch wollte. Wenn er Ruhe brauchte, um sich zu sammeln, um wieder zu Kräften zu kommen, zog er sich zurück und sprach mit seinem Vater. Dann lehnte er jeden Kontakt ab. Er tat es nie verletzend, aber bestimmt. Wenn er litt, heilte er sich selbst zuerst, um anderen dann seine Kraft wieder leihen zu können.

So möchte ich euch bitten, immer die bedingungslose Liebe ins Auge zu fassen. Aber um andere lieben zu können, müßt Ihr zunächst Euch selbst lieben können. Heilung durch den Geist fließt durch das Herz, es ist die Herzenergie, die Euch geschenkt wird, um anderen zu helfen. Dafür muß das Herz rein sein. Vom Herzen durch die Hände geht unsere Energie der Liebe.

Lebt die Liebe auf allen Ebenen. Sie ist die einzige Kraft im gesamten Universum, die alles vermag. Auch wenn es euch oft schwerfällt, daran zu glauben. Nur wer reinen Herzens auf seine Mitmenschen zuzugehen vermag, kann sie auch heilen.

Liebe ist eine Kraft, die sich unterschiedlich ausdrückt, als Mit*fühlen* - niemals Mit*leid*, als Anteilnahme, Sympathie, Respekt, Toleranz, Beschützen, und nicht zuletzt als sexuelle Energie in der Partnerschaft.

Gerade dort dürft ihr alle oben genannten Aspekte üben. Sie vereinen sich dort, damit ihr euch prüfen dürft, wo es noch mangelt. Das direkte Umfeld, die Menschen, die euch am nächsten stehen, bietet euch ein unerschöpfliches Potential, damit ihr eure Liebe in ihrer Stärke einschätzen könnt. So seid gewiß, daß diese Einrichtung der Partnerschaft von Gott bewußt gewählt wurde. Die Liebe zwischen zwei Menschen bietet jeden Freiraum zur Entfaltung der Seele, wenn man sie richtig lebt.

Viele fühlen sich eingeengt und sind verzweifelt. Sie suchen nach Abwechslung oder nach der sogenannten Freiheit. Wie oft endet diese Suche in der Einsamkeit? Dort, wo die bedingungslose Liebe zu Hause ist, können nur Friede und Glück wohnen. Es herrschen Vertrauen und Ehrlichkeit. Alles, was dort existiert, kann niemals verletzen. Auch die Sexualität wurde dafür geschaffen. Sie ist ein Energieausgleich und kann euch helfen, sämtliche Energiezentren im Körper in Einklang zu bringen, wenn sie so gelebt wird, daß beide Partner sich in ihr wohlfühlen und ein Gefühl des Aufgehobenseins verspüren.

Wenn zwei Menschen diese Kunst der Liebe beherrschen, können sie ihre Ausstrahlung auf alle anderen ausdehnen. Dies fängt in der Familie an und setzt sich fort auf alle Wesen, mit denen sie in Kontakt kommen. Sie wirken nach außen viel schöner und reicher an Energie.

In unserer Abteilung also fördern wir diese Charaktermerkmale. Manchmal kommen neue Mitarbeiter zu uns, die gedemütigt wurden oder deren Herz schmerzt. Dann geben wir ihnen die Zeit der Erholung. Sie bekommen leichte Aufgaben, dürfen sich bei anderen Rat und Unterstützung holen. Aber dann müssen wir beginnen, konkret zu arbeiten, denn wir wollen ja das Licht und die Liebe verbreiten. Wir senken sie in die Herzen der Menschen, sei es durch die Kraft der Hände, durch das geschriebene Wort, oder wie auch immer. Wir wollen helfen, daß sich alle Menschen im Leben zurechtfinden. Das Leben ist schön. Mutter Erde hält soviel bereit, um das Herz zu erfreuen.

Leben und Lebensgenuß ist uns wichtig. Ihr sollt lachen, froh sein und euch der schönen Dinge erfreuen. Daran dürfen so viele teilhaben. Viele meiner Mitarbeiter fordere ich auf, sich die Dinge, die sie belasten, von der Seele zu schreiben. So werden sie ausgeglichen und können anderen mit gutem Beispiel vorangehen. Viele meiner Mitarbeiterinnen lernen durch unsere Zusammenarbeit den Sinn ihrer Partnerschaft oder Familie richtig zu verstehen. Sie erkennen zum ersten Male ihre gottgewollte Position als Frau und Mutter und Dienerin zum Wohle aller. Ich will hier nicht andeuten, daß sie sich unterordnen sollen. Im Gegenteil, sie lernen so, Kraft zu schöpfen und ihr Potential zu nutzen. Denkt daran: Nur die Liebe kann Grenzen überschreiten, Kriege verhindern, Heilung bringen und euch dem Aufstieg näherbringen."

Erzengel Uriel ist der Friedensbringer. Nur ein Mensch in Frieden kann Heilstrahlen aufnehmen. So arbeitet er auch überall dort, wo Menschen in Not sind: in Gefängnissen, Krankenhäusern, Altersheimen, Kinderheimen, in Kriegsgebieten usw.

Elohim Tranquilitas hilft dabei, in Frieden zu leben. Allerdings müssen die Menschen dies auch wollen. Er harmonisiert jeden Lebensbereich und jede kleinste Gruppe des Zusammenlebens.

Saint Germain

7. Strahl: Lenker oder Cohan: Saint Germain

Frühere Inkarnationen und Wirken: u.a. Graf St. Germain, Christoph Kolumbus, St. Alban, Josef, der Vater von Jesus, Christian Rosenkreuz, Francis Bacon, Prophet Samuel, der griechische Philosoph Proclus

Strahlenfarbe: Purpur-violett

Lichttempel: ätherisch in Transsilvanien (Karpaten)

Wochentag: Samstag

Chakra: Milzchakra

Erkennungsmelodie: *Wiener Walzer* von Johann Strauß

Elohim: Arkturus und Diana

Erzengel: Zadkiel und Amethyst

Aufgabenbereich: Transformation, Umwandlung, Freiheit, Karmaauflösung

Saint Germain ist der Lenker des Neuen Zeitalters. Bis 1954 wirkte noch der sechste Strahl für die Erde unter Jesus. Dieser übergab zu dieser Zeit die Macht an den siebten Strahl unter Saint Germain und seiner Zwillingsflamme Lady Portia, die als Göttin der Gerechtigkeit dient. Hauptaufgabe des siebten Strahles ist die Umwandlung und Transformation des Karmas, also die Erziehung des Bewußtseins. Dabei legt er großen Wert auf den Einsatz der violetten Flamme.

Ein paar Worte von Saint Germain:

"Ich möchte an dieser Stelle alle diejenigen zum Eintritt in unser Unternehmen auffordern, die in ihrem Herzen den dringenden Wunsch verspüren, den sogenannten Aufstieg mit zu gestalten und zu beschleunigen. Jedoch, bedenkt die Verantwortung, die ihr übernehmt mit diesem Schritt. Ich muß dies anmerken, denn letztendlich ist es meine Aufgabe, alle Schritte, die für den Eintritt in das Neue Zeitalter vonnöten sind, einzuleiten. Niemand wird aufgenommen in unseren Kreis, der nur aus Neugier oder auf Probe eine Anstellung sucht. Testet euch vorher, entscheidet gut und weise, ob ihr euch dieser schweren Aufgabe stellen wollt. Das Produkt Aufstieg ist unbezahlbar, nicht greifbar, sondern nur erfahrbar.

Grenzenloses Vertrauen, absoluter Gehorsam dem göttlichen Willen gegenüber, Geduld, Reinheit im Herzen und Handeln, bedingungslose Liebe zu allem und jedem, Selbstvertrauen, Wertschätzung der eigenen Person und aller anderen und der Wille zur Transformation und Umwandlung sind die Maßgaben, die unerläßlich sind, um bei uns eine Anstellung zu finden, die von Dauer ist.

In meiner Abteilung finden sich die "harten Arbeiter" zusammen. Sie haben es sich bewußt erwählt, denn viele tragen durch ihren Einsatz viel Karma ab. Wir wissen, die Transformation und die Umwandlung sind seit alters her die schwierigsten Aufgaben. Viele sind daran gescheitert. Im Namen des Vaters wurde schon viel Unheil angerichtet, um eine Transformation zu erreichen. Immer wurde von neuem Karma geschaffen, da das Ego stärker war als der göttliche Auftrag.

Das Ego ist lebenswichtig, aber es muß transformiert werden. Verwechselt es bitte nicht mit Egoismus. Es erinnert euch immer wieder an eure lebenswichtigen Aspekte.

Meine Mitarbeiter werden lange getestet. Sie haben eine lange Probezeit zu bestehen, bis sie fest angestellt werden. Ich lasse sie in der Regel all das durchleiden und durchleben, was sie den anderen später vermitteln sollen. Wie sollen sie helfen und transformieren, wenn sie nicht wissen, worüber sie sprechen? Nie bleiben sie ohne Hilfe, obwohl manche oftmals verzweifeln und umkehren wollen. Auch das dürfen sie.

Jeder darf wieder kündigen. Aber wer sich dazu entschieden hat, wird in dieser Inkarnation nicht wieder eingestellt. So bedenkt eure Schritte. Prüft vorher euer Durchhaltevermögen und eure Gesinnung.

Ich beschäftige in meiner Abteilung viele Therapeuten, Psychologen, aber auch Führungskräfte und Menschen, die Veränderungen bringen sollen. Sie betreiben Aufklärungsarbeit, Reformation, jedoch ohne Missionierung. Alle erhalten sie die Kraft der violetten Flamme, die ihr Markenzeichen ist. Allerdings müssen sie sich immer wieder zu Recht prüfen, ob sie nicht manipulieren oder mentalen Fehlern unterliegen. Das gehört jedoch zu ihrem Naturell. Es ist sozusagen Bestandteil der Bemeisterung ihres Egos. Viele sind sehr eigenwillig. Es gibt schon Auseinandersetzungen. Jedoch bin ich immer bereit zur Schlichtung. Ich höre mir alle Argumente an. Ich weiß, wie schwer die Arbeit an der Front ist. In meinen Leben habe ich viel gekämpft. So weiß ich, wie schnell man versagen kann und aufzugeben bereit ist.

So kann ich nur sagen: Wer uns begleiten will auf den letzten Schritten in ein neues Zeitalter, ist herzlich willkommen"

Erzengel Zadkiel beaufsichtigt die violette Flamme der Anrufung und Umwandlung, mit der alle negativen Aspekte beseitigt werden können.

Elohim Arkturus dient der Anrufung und dem Rhythmus. Er empfiehlt, bei der Anrufung der violetten Flamme immer einen bestimmten Rhythmus beizubehalten, damit die manifestierte Kraft konzentrierter ist.

Die Darstellung dieser bislang offiziell tätigen sieben Strahlen zeigt gleichzeitig das Arbeiten und Wirken der Menschen, die auf diesen Strahlen inkarniert sind. Viele lernen, sich im Laufe der Zeit damit zu identifizieren.

Seit der Harmonischen Konvergenz im Jahre 1987 sind jedoch weitere fünf Strahlen aktiviert worden, die so in Zusammenarbeit mit den sieben bekannten Strahlen den sogenannten Lichtkörperprozeß bei allen inkarnierten Seelen in Gang setzen. Nur durch die vollkommene Integration der Aspekte aller zwölf Strahlen wird es den Menschen möglich sein, den Aufstieg aus der dritten Dimension zu vollziehen. Hierbei gibt es einerseits vieles zu beachten, andererseits bekommen wir jedoch alle erdenkliche Hilfe, sofern wir bereit sind, sie zu fordern und umzusetzen.

Wie mir von EL MORYA, meinem Geistführer, angekündigt wurde, hat sich die geistige Ebene entschlossen, in einem weiteren Buch über dieses Thema eingehende Erklärungen abzugeben. Es ist mir eine große Freude, für dieses interessante Werk als Kanal zur Verfügung zu stehen.

Der Vollständigkeit halber möchte ich in kurzer Form noch auf einige andere Meister und ihre Arbeitsweise eingehen und sie, soweit es geht, den Strahlen zuordnen. Gelegentlich dienen sie jedoch auch mehreren Strahlen gleichzeitig, da sich ihre Aufgaben vermischen.

Goldener Strahl:

Djwahl Khul: Weltenlehrer, beschäftigt sich mit den höheren Aspekten der Astrologie, verfaßte mit Alice A. Bailey viele Bücher über esoterische Philosophie.

Kenich Ahan: Erleuchtung und Weisheit. Tempel physisch in Yucatan Mexiko, hütet das Wissen der Mayas, stark verbunden mit Helios und Vesta.

Laotse: Alter chinesischer Weiser, schrieb das *Tao te King*, arbeitet intensiv mit Kwan Yin zusammen, seine Schüler sind oft Erzieher, Lehrer, Sozialarbeiter, Sozialpädagogen, Tai-Chi-Lehrer usw.

Sokrates: Philosophen und Literaten arbeiten mit ihm. Es sind gute Lehrer, die das alte Wissen vermitteln.

Victory: Siegreiches Vollbringen, arbeitet mit am Aufstieg, an der Überwindung des Alten und Durchführung der gefaßten Pläne.
Tempel ätherisch über den Britischen Inseln.

Weißer Strahl:

La Morae: Harmonie, dadurch Erhöhung der Schwingung. Tempel ätherisch über Madagaskar.

Grüner Strahl:

Pallas Athene: Göttin der Wahrheit, Mitglied des Karmischen Rates, Aufrichtigkeit, Klarheit und Wahrheit sind ihre Motive und die ihrer Schüler, sie unterstützt Hilarion in seiner Arbeit, aber eigentlich alle anderen Aktivitäten, die auf der Wahrheit basieren, so hilft sie auch bei Gerichtsprozessen.

Violetter Strahl:

Kwan Yin: Sie ist zuständig für alle Themen der Familie, sie gilt bei den Chinesen als Mutter Maria, alle alleinerziehenden Mütter erhalten ihre Hilfe und Unterstützung, ihre Schüler befassen sich in der Regel mit Familienthematiken. Tempel ätherisch über Peking.

Kwan Yin

Lady Portia: Gerechtigkeit, Zwillingsflamme von Saint Germain, Mitglied des Karmischen Rates, sie erteilt Hilfe im Sinne des Rechtes, ihr Ziel ist die Milderung des Be- und Verurteilens, da alles auf uns zurückfällt, viele ihrer Schüler haben mit dem Recht, auch mit ihrem Recht, so ihre Probleme.

Kamakura: Er unterstützt Saint Germain mit dem goldenen Strahl der Weisheit. Weisheit und Bewußtseinserweiterung der Menschen werden hier forciert.
Tempel ätherisch über dem Fudschijama – Japan.

Amethyst: Sie arbeitet mit Zadkiel im Tempel der Umwandlung und Anrufung, ätherisch über Kuba, auch unterstützt sie die richtige Atmung.

Paracelsus: Er ist darauf bedacht, den violetten Strahl im Rahmen seiner alten Arbeit, also im Sinne der Naturheilkunde, zu unterstützen. Oft heißt es, er sei eine Inkarnation von St. Germain gewesen, wobei St. Germain mir dies insofern bestätigte, als daß er einen Bewußtseinsanteil von ihm mitgenommen habe, wohl im Sinne seiner aufrührerischen Art, die ihm wahrlich viel Unheil bescherte.

Maria

Mischungen von Strahlen:

Blau-Gold-Rosa:
Surya: Meister des Friedens und der Liebe. Tempel physisch auf den Fidschi-Inseln.

Lemuel: Stärke und Ausgeglichenheit, er arbeitet mit der Naturwelt, Gnomen, Elfen. Ich habe einige Gärtner erlebt, die mit ihm in ganz harmonischer Weise arbeiten. Tempel ätherisch über dem Berg Kosciusco in Australien.

Mutter Marias Strahlenfarbe ist Perlmutt, das heißt, es schimmern alle Strahlen durch ihre Arbeit.

Die Schüler von Sanat Kumara und Maha Cohan haben, begründet durch die Vielseitigkeit ihrer Meister, Zugang zu allen Strahlen, Cohanen, Elohim und Erzengeln. Dementsprechend ist natürlich auch ihre Belastung zu sehen. Das soll nicht heißen, wir hätten nicht alle Zugang zu allen Meistern, im Gegenteil, aber die Schüler von Sanat Kumara und Maha Cohan müssen lernen, ständig diese Vielfältigkeit in ihre Arbeit einzubinden.

Einige der Weltenlehrer und Begründer der Weißen Bruderschaft haben abschließend noch um das Wort gebeten. Sie möchten einen kurzen Einblick in ihre über Millionen von Jahren gewachsene Arbeit bieten.

*****

Jesus

Jesus:

Liebe Brüder und Schwestern,

wie ihr nun gelesen und verstanden habt, bin auch ich, genau wie jede andere Seele, meinen Weg der Evolution gegangen. Im Jahre 1956 durfte ich die Lenkung des sechsten Strahles an Lady Nada abgeben, um zum Weltenlehrer aufzusteigen. Seid gewiß, dieses Amt bringt eine hohe Verantwortung mit sich. So laßt mich betonen, wie wichtig es ist, daß alle Menschen lernen, welche großartige Aufgabe sie seit vielen Epochen zu erfüllen versuchen. Hier möchte ich niemanden aus der Verantwortung herausnehmen, weder Staatsmänner noch die Menschen, die sich erst bereit machen für künftige Aufgaben.

Auch ich mußte in meinem letzten Erdenleben einen schweren Weg beschreiten und durfte erst gehen, als ich alles vollbracht hatte. Und dies geschah nicht durch die Kreuzigung, wie viele noch glauben. So mußte ich auch viele Prüfungen bestehen, um dahin zu gelangen, wo ich jetzt bin.

Ich stehe für den Frieden, die Liebe und das Wirken, das aus der Liebe und aus dem Innersten entsteht. Und so werden auch alle meine Schüler geprüft und geschult. Nur wenn sie bedingungslose Liebe zu allem und jedem empfinden, dürfen sie am Heil der Menschen mitwirken. Nicht immer geht jeder Kelch an ihnen vorüber. Es ist nicht immer möglich, sich in einem Mauseloch zu verkriechen, wenn das Unheil naht. Oft muß man der Gefahr ins Auge blicken.

Viele Menschen werden erleben, wie sich die Zeiten rasant ändern, wie sie gezwungen werden, Entscheidungen zu treffen, die ihr Leben total verändern. Sie laufen Gefahr, in Panik zu verfallen, hektisch zu reagieren, cholerisch zu werden. Es sind alles Prüfungen, wie sie mit ihrer Energie umgehen. Alles ist letztlich das Produkt ihrer Vergangenheit. Jeder sollte in die Stille gehen, bevor er den Kopf verliert. Löst euch von der Unruhe und laßt eure Seele sprechen. Lernt, daß ihr alle nur für euch selbst verantwortlich seid. Nur wer geheilt werden und alles loslassen möchte, kann unsere Hilfe erwarten. Und so geht auch auf eure Feinde zu und reicht ihnen die Hand zur Versöhnung. Wer Wut und Haß im Herzen beheimatet, kann sich nicht lösen vom Negativen. Er macht sich etwas vor, denn hier beherrscht der Verstand die Seele. Hier fehlt die Liebe zu sich selbst.

Mein Satz:" Wer mir auf die rechte Wange schlägt, dem halte ich auch noch die linke hin", bringt euch immer noch zum Schmunzeln. Aber es ist die symbolische Sprache der Vergebung und der Gnade. Wie soll man einem Menschen, der einen Fehler begangen hat, zeigen, daß man ihn durchschaut hat? Indem man zurückschlägt? Nur das Erkennen der Fehler bedingt eine Korrektur.

Ich bin seinerzeit in den Körper gegangen, um euch zu zeigen, was Liebe bewirken kann. Mit diesem Erbe wurde nicht besonders pfleglich umgegangen. Ich kann auch nicht umhin zu sagen, daß die Kirche nicht immer so gehandelt hat, wie es mein Ansinnen gewesen wäre. Nie war es unser Ziel, die Menschen zu unterjochen oder zu verängstigen. Auch sollten sie nie um ihrer selbst willen verfolgt und getötet werden. Aber vieles hat sich schon geändert und wird sich noch ändern. Der Mensch war einmal ein freies Wesen, ohne Neid, Wut, Haß und Angst, und so wird er auch wieder werden, wenn alle Last abgetragen ist und wenn alle wieder zum Ursprung zurückgekehrt sind.

Gott zum Gruße

Jesus

Kuthumi:

Meine lieben Freunde,

meine Worte als Weltenlehrer dienen dazu, die Bedeutung von Wissen und Weisheit deutlich zu machen. Ich selbst habe in vielen Inkarnationen auf der Erde versucht, die Menschen mit Wissen und Weisheit zu lenken. Meine bekanntesten Inkarnationen waren Pythagoras, König Kaspar und Franz von Assisi. Mein Ziel war es immer, die Liebe zu allem und jedem zu entfachen, selbst zum kleinsten Tier, damit Weisheit und Wissen um alle Dinge der Erde sinnbringend eingesetzt werden können. Die Liebe ist wie ein Samenkorn, das man pflegen und reichlich mit Energie versorgen muß, damit es Früchte trägt. Nur dann kann etwas Ertragreiches damit angefangen werden. Nur dann kann daraus Brot entstehen, oder gar noch viel mehr.

Wissen und Wissen ist nicht eins. Und Weisheit kann erst recht nicht erlernt werden. Es gibt Wissen, welches ihr an euren Schulen erfahrt. Aber es gibt auch Wissen, das in eurem Innersten begraben liegt, das ihr niemals in diesem Leben erlernen könnt, da euch gar nicht so viel Zeit und nicht alle Kulturen zur Verfügung stehen. Dieses Wissen nun ist natürlicher Art. Es entstammt der Erfahrung vieler Leben, vieler Schmerzen, vieler Freuden, vieler Schulung.

Hier spreche ich von Schulung auf der geistigen Ebene, wo ihr zwischen den Inkarnationen verweilt und niemals untätig seid. Es ist Wissen, das ihr nachts im Astralen sammelt, wenn ihr uns, euren Meistern, gegenübersitzt und losgelöst seid von Kummer und Schmerz. Dann seid ihr bereit, alles Wissen in euch aufzunehmen, das ihr jetzt noch für euren Erdenwandel benötigt. Es ist unbezahlbar, es ist ehrlich, und es ist allgegenwärtig. Diese Allgegenwärtigkeit könnt ihr jedoch nur erfahren, wenn euer Geist und eure Seele dazu bereit sind. Es ist nicht immer leicht, sich seinem Wissen zu stellen, und viel weniger seiner Weisheit. Wie schwer fällt es oft einem Erwachsenen, zu tolerieren, daß ihm ein Kind geistig überlegen ist. Man zollt ihm gelegentlich Bewunderung, manchmal Ehrfurcht, aber es ist ja nur ein Kind. Jesus erging es nicht besser, als er mit zwölf Jahren im Tempel saß und lehrte.

Weisheit ist nicht abhängig vom Alter. Sie ist abhängig von der Vielzahl der Inkarnationen, von den Taten. Talente und Fähigkeiten werden so oft einfach hingenommen. Es gibt keine Genies. Es gibt nur Wissen. Viele haben dafür früher teuer bezahlt. Aber das Wissen darf nie in Stolz oder Überheblichkeit ausarten. Bemüht euch um euren Ursprung. Nicht alles ist das Werk eurer heutigen Intelligenz. Deshalb beschimpft nie die, die es angeblich zu nichts bringen und anderen nur auf der Tasche liegen. Jeder von euch war schon einmal ein Bettler oder Scharlatan. Nichts dergleichen ist euch fremd. Gerade dann, wenn ihr schimpft, zeigt euch der andere den alten Spiegel. Dann mißfallt ihr euch selbst. Weisheit ist ein Gut, das immer in der Lage ist, Gerechtigkeit walten zu lassen, zu vergessen und zu akzeptieren. Toleranz ist geprägt von Weisheit. Weisheit verzeiht, übt Einsicht, liebt und lehrt. Sie zeigt euch den Weg in die Geduld und das Vertrauen. Aber sie ist auch ein Lohn. Wie sagt ihr so schön: "Diese Frau ist sehr weise, sie ist ja auch schon so alt, hat viel erlebt, einen Krieg, hat viele Lieben verloren, Krankheiten überstanden." So könnt ihr Weisheit akzeptieren. Dabei habt ihr alle dies schon so oft erlebt, daß euch eure Weisheit normalerweise erdrücken müßte. Erst wenn ihr an die Quelle eurer Weisheit gekommen seid, erkennt ihr die Lächerlichkeit von Zeit und Raum. Was ist dann schon ein Menschenleben von achtzig Jahren? Es ist wie ein Sonnenaufgang, der sich in Minuten verliert im Meer der Zeit. Und da wollt ihr weise werden?

Ich liebe es, wenn meine Schüler sich auf sich und ihr altes Wissen besinnen. Ist der erste Schritt getan, kann ich sie führen in alte Kulturen, Fertigkeiten, für die sie schon oft bewundert wurden. Sie erfahren ein völlig neues Lebensgefühl und sehen ein ganz neues Ziel vor Augen. Sie spüren wieder eine alte Lebensfreude und eine Geborgenheit in sich selbst, in ihrem Wissen und in ihrer Weisheit. Auch wenn sie gerade dann mit ihrem alten Karma konfrontiert werden, ist es leichter, sie leben und arbeiten gerne. Sie wissen immer um ihren Schutz, der von uns geschenkt wird, und daß alles, was sie erleben, seinen Sinn und seine Berechtigung hat. Man muß lernen, allem ins Auge zu blicken, wie Jesus auch schon sagte, auch wenn die Zeiten einmal schwer und hart sind. Ich führe meine Mitarbeiter gerne mit Menschen zusammen, die ihre Hilfe brauchen. Sie sind immer gerne gesehen, da sie die Menschen mit ihrer Ruhe und ihrem geheimen Wissen faszinieren. Sie wirken wie Ruhepole im Sturm, haben ein liebes Gemüt und strahlen durch Fähigkeiten, die andere beglücken oder zum Mitmachen auffordern. Sie werden immer gerne um Rat gefragt.

So hat jeder Mensch seine Aufgabe. Geht ruhigen Schrittes voran und vergeßt nie, daß alles, was euch widerfährt, von euch gewollt und inszeniert wurde. Dann fällt euch vieles leichter.

Gott zum Gruße

Kuthumi

Erzengel Michael

Erzengel Michael:

Liebe Lichtarbeiter, Lichtträger und Suchende auf dem Weg,

laßt mich ein paar Worte im Namen aller Erzengel und Engelscharen an euch richten.

Wir alle sehen mit Freude, daß es immer mehr und mehr Menschen gibt, die spüren, daß sich etwas verändern muß. Viele ahnen, daß sich in ihrem Leben etwas vollzieht, das größer ist als das, was man mit dem Menschenverstand erfassen kann.

Es ist gut so, denn wir haben die Kraft und die Macht, die Umwandlung des menschlichen Lebens in Gang zu setzen. Ich selbst war nie in der Materie inkarniert, da ich mich niemals vom Göttlichen abgewandt hatte. Es ist seit allen Zeiten meine Aufgabe, die Menschen mit meinem blauen Schwert der Kraft, des Schutzes und des Glaubens zu lenken und das Karma von ihren Schultern zu nehmen. Aber dies dürfen wir nur, wenn der Mensch dazu bereit ist. Jeder hat seinen freien Willen. Wenn sich jemand weigert, seinen Weg zum Ziel fortzusetzen, müssen wir ihn gehen lassen. Wir haben keine Macht, ihn zur Umkehr zu zwingen. Wir respektieren jede Entscheidung. Aber ihr könnt uns jederzeit zu Hilfe rufen und aus dem Herzen heraus bitten, mit euch den schweren Weg zu gehen. Keine Bitte bleibt unerhört. Wir haben die Kraft, euch zu helfen.

Allerdings ist es dann nicht immer leicht für euch. Der Weg ist oft schwer und kann sehr einsam werden. Nicht immer stoßt ihr bei euren Mitmenschen auf Verständnis. Aber ich stehe immer mit meinen Engelscharen bereit, um mit euch in den Kampf zu ziehen.

Ich arbeite sehr intensiv im Astralbereich, wo sich das Negative sehr stark manifestiert. Es ist eine fordernde Aufgabe, aber ich verrichte sie gerne und mit großer Liebe, da ich weiß, es kann mir nichts geschehen. Ich bin getragen von der Liebe Gottes. Und so solltet auch ihr an eure Aufgaben herangehen. Es kann euch nichts geschehen. Alles wird sich zum Guten wenden, wenn die Täler durchschritten sind. Ihr dürft nur niemals verzweifeln und den Mut verlieren. Ihr braucht Geduld und Vertrauen in unsere Hilfe, die immer da ist. Ihr habt in den einzelnen Kapiteln gelesen, welche Aufgaben die anderen Erzengel haben. Sucht euch die Hilfe heraus, die ihr gerade braucht, und zögert nie, sie zu fordern. Lernt, mit uns zu arbeiten, uns als Helfer zu sehen und zu fordern. Unterwürfigkeit und schweigende Ehrfurcht sind unangebracht. Auch konstruktive Kritik wird gerne angenommen, dann aber auch bearbeitet. Lernt, daß alles eine Wirkung erzeugt. Unsere Arbeitskraft ist ewig und unverbrauchbar.

Aber es gibt auch Phasen, die kommen, in denen nicht alles von euch abgewendet werden kann. Es gibt Schicksalsschläge, Krankheiten und Leid, das ihr durchleben müßt, um vorwärtszukommen und zu wachsen, auch wenn es euch einmal ungerecht und hart erscheint. Wenn ihr es annehmen könnt, habt ihr es um so schneller verarbeitet. Niemand wird alleine gelassen, auch dann nicht.

Wir handeln mit großer Güte und Verständnis. Vielleicht müssen wir einmal die Hand loslassen, aber wenn ihr nach uns ruft, sind wir alle zur Stelle. Nachtragend ist nur der Mensch mit seinem Verstand. Unsere Liebe ist unerschöpflich. Aber die geistige Ebene ist nicht beweisbar. Man kann sie nur erleben und versuchen zu begreifen. Hinter vielen Dingen und Ereignissen verstecken sich Beweise für unsere Hilfe. Ihr müßt sie nur erkennen.

Möge sich eure Bestimmung erfüllen, damit wir alle wieder vereint sind im Reiche unseres allmächtigen Vaters.

Gott zum Gruße

Michael, der Lichtfürst der Erde

Sanat Kumara

Sanat Kumara:

Geliebte Freunde,

noch immer liegt mein Hauptaugenmerk auf dem Geschick der Erde. Man nennt mich auch den "Alten der Tage". So laßt mich schildern, wie mich seit Zeitaltern das Schicksal von Mutter Erde und all der Wesen, die mit ihr verbunden sind, bis ins Innerste meines Herzens berührt.

Bereits vor langer, langer Zeit, als die Menschen begannen, alles zu mißachten, was notwendig war, um auf der Erde im Sinne Gottes, des Allmächtigen, zu walten, war ich der einzige, der das Resultat, das drohte, sah und erkannte. Die Gefahr war vielen bekannt, aber niemand wollte bemerken, was allen Seelen beschieden wäre, wenn die Erde ein für allemal vernichtet würde.

Sicherlich ist es leicht, etwas Unbrauchbares oder Verbrauchtes einfach zu zerstören. Ihr alle macht es heute genauso, seien es alte Autos, Kleider - alles, was euch nicht mehr seinen Dienst, wie geplant, erweist. Der Unterschied liegt jedoch darin, daß diese Dinge keine Seele besitzen. Die Seele muß lernen, mit allem umzugehen, was ihr im Laufe der Zeitalter begegnet ist. Was wäre geschehen, hätte ich damals der Vernichtung der Erde wie alle anderen zugestimmt? Wo hätten alle Seelen das bereinigen können, was zur Apokalypse geführt hätte? Viel Auswahl hätten wir nicht gehabt, und außerdem wäre die Misere die gleiche gewesen.

Und noch eines muß ich an dieser Stelle erwähnen. Bislang hat sich niemand Gedanken über Mutter Erde gemacht. Alle sagen, auch Mutter Erde lebt, sie wehrt sich. Gut, das ist auch korrekt. Aber genauso, wie Atlantis eines Tages wieder aus den Fluten aufsteigen wird, so hätte der gesamte Planet wieder entstehen müssen, um so sein Werk fortzusetzen. Welch immense Arbeit für die Gotteltern, die Elohim und Elementarwesen. Und letztlich wären wir wieder genau dort angekommen, wo wir einmal gescheitert waren.

Also lag doch nichts näher, als mit den göttlichen Waffen zu versuchen, den Kampf gegen die Vernichtung aufzunehmen. Gewalt, Zwang und Unterdrückung gab es. Das also konnte nicht des Rätsels Lösung sein. Nur Liebe konnte all diese Dinge wieder ausloten.

So stand ich da mit meinem eng geschnürten Rucksack. Ihr würdet heute sagen, er beinhaltete nichts als "warme Luft". Ein lächerliches Unterfangen, wenn man bedenkt, wie schnell der Mensch sich an die negativen Dinge gewöhnt. Es ist so leicht, beim kleinsten Anlaß zurückzuschlagen. Liebe zu entwickeln, um in den Kampf zu ziehen, bedeutet einen sehr großen Kraftaufwand. So darf es nicht verwundern, daß ich eine so lange Zeitphase brauchte, um alles einigermaßen so einzurichten, daß das Leben auf der Erde vermuten ließ, daß die auf ihr lebenden Menschen langsam wieder begannen, sich an das Göttliche in sich selbst zu erinnern. Alles braucht seine Zeit.

Ihr habt viel Zeit gebraucht, eigentlich mehr als vorgesehen. Gerade die letzten zweitausend Jahre haben uns stark bedrückt. Dieser Zyklus war geprägt von Gewalt, Zerstörung, Menschenrechtsverletzung und Mord. Und dabei sollte er unter dem Banner des Friedens und der Harmonie stehen.

Ich mußte die Erde verlassen, da ihr alle nun auf euren freien Willen hin geprüft werden solltet. Wir mußten euch den Weg finden lassen, nachdem wir alles in Ruhe vorbereitet hatten. Alle Hilfe steht bereit. Es bedarf nur eures Vertrauens und eurer Mitarbeit. Wenn es euch und uns nicht gelingt, den Frieden ein für allemal zu manifestieren und dann die endgültige Transformation des Planeten einzuleiten, haben wir alle versagt. Auch wenn ihr es nicht glauben wollt, so steht ihr doch wieder kurz vor dem atlantischen Zustand, der den Untergang einleitete.

Viele sagen, wo ist all der damals beschriebene Luxus, der Reichtum, das Wissen? Nun, diese Zustände habt ihr verwirkt. Das Maß ist so voll wie damals. Seht alles als Symbolik an. Es geht nicht um das Äußere, es geht um die Werte. Und diese Werte sind heute so schwer für euch zu begreifen wie damals auch. Ein Mensch im teuren Maßanzug wirkt mit schlechten Manieren genauso erschreckend wie jemand in Lumpen, der keine Verhaltensregeln erlernt hat. Es kann aber auch umgekehrt sein, daß der ärmste Mensch das bessere Benehmen an den Tag legt. Sucht nicht immer nach vergangenen Kulturen und ihren Schönheiten. Lernt, mit dem zu leben und zu wachsen, was euch geschenkt wurde. Es sind Prüfungen, ob ihr auch unter einfachen Umständen in der Lage seid, das Gold zu schürfen, das vor euch liegt. Reichtum schützt nicht vor Torheit, das war schon immer so.

Es ist mein größtes Anliegen an euch alle, daß ihr umkehrt, euch eurer Herkunft besinnt und eure alten Werte wieder aufleben laßt. Nur wer die Heimat kennt, kehrt gerne dahin zurück. Seid versichert, ihr werdet sie nie wieder verlassen wollen. Aber der Weg ist steinig, voller Hürden und Abzweigungen. Folgt dem Licht, das wir euch zeigen. Es ist der richtige Wegweiser.

In Liebe

Sanat Kumara

Helios:

Geliebte Lichtwesen,

meine Form des Dienstes für die Erde in diesem Planetensystem war vor ihrer Existenz und wird immer sein. Ich möchte euch ein kleines Beispiel geben, damit ihr lernt zu verstehen, wie all euer Tun und Wirken gerade bei mir seine Spuren hinterläßt. So laßt mich zurückgreifen auf das einfachste Exempel, das ihr fast alle nachvollziehen könnt.

Stellt euch vor, ihr seid in einer glücklichen Ehe oder Partnerschaft und euer größter Wunsch ist es, ein Kind zu haben, damit ihr eine vollständige Familie werden könnt. Hier streifen wir das Urprinzip des Menschseins, das euch als Menschwerdung noch im Gedächtnis ist. So könnt ihr aber alles am besten verstehen. Nun mag es sein, daß es nicht sofort in die Tat umzusetzen ist, aus welchem Grund auch immer. Viel Kraft, Energie und letztlich Liebe müßt ihr investieren, um euer Ziel zu verfolgen. Ihr wollt etwas erschaffen, das euch den Fortbestand eures Geschlechtes sichert. Zunächst existiert noch nichts, aber ihr habt einen Plan, den Willen und auch den Glauben an Gott, daß er euch hilft, dieses neue Leben zu kreieren. Letztlich besitzt ihr auch die Macht dazu.

So beginnt das Gesetz der Präzipitation zu wirken. Wille, Kraft, eine gewisse Weisheit gehört dazu, denn ihr müßt ja auch in der Lage sein, diesem Wesen den Weg zu ebnen, es mit Lebenserfahrung zu lenken. Die Liebe ist die größte Kraft, die es braucht, um die Zeugung des Lebens in Gang zu setzen, vielleicht auch die Disziplin, wenn es nicht gerade so schnell funktionieren will. Konzentration auf den Plan, Wahrhaftigkeit und Ehrlichkeit in der Verantwortung dem neuen Leben gegenüber sind unabdingbar. Dann ist es geschafft, das neue Leben kündigt sich an, es wandelt sich von einer kleinen Zelle zum Menschen, bis das Wesen in der Lage ist, geboren zu werden und in eurer Gemeinschaft zu leben. Es wird geboren und dann in Frieden und Harmonie aufgenommen und begrüßt.

Was aber geschieht, wenn sich die Dinge anders entwickeln, als ihr sie geplant und gewünscht hattet? Die Wechselfälle des Lebens kündigen sich an. Krankheit, Unehrlichkeit, Undankbarkeit, Mißachtung eurer Position als Eltern, vielleicht Kriminalität, unter Umständen Trennung und das Gefühl, völlig entfremdet weiterzuleben. Wie oft folgt all dem dann noch das letzte Glied in der Kette, die Vernichtung und das Auslöschen des Lebens.

Könnt ihr euch vorstellen, welch ständigem Schmerz wir auf unserer Ebene ausgesetzt waren, seit der Mensch sich über sich selbst hinweggesetzt hat?

Ich habe euch das Beispiel gegeben, damit ihr nachvollziehen könnt, wie wir uns als Eltern allen Lichts fühlen. Wir haben das Licht erschaffen, die Ursubstanz, die alles Leben auf der Erde schützt und am Leben erhält. Jede Verfehlung, oder sagen wir, jeder Wechselfall trübt das Licht. Im Extremfall erlischt es und muß wieder angefacht werden. Ihr könnt euch nicht vorstellen, wieviel Licht wir produzieren und euch schicken können. Lernt doch bitte, aus eurem Kreislauf herauszudenken. Geht über das Verstandesmäßige hinaus und fordert dort euer Licht und eure Fülle an, wo alles unversiegbar vorhanden ist. Gott, der Vater, besitzt die Urenergie, die immer und ewig vorhanden war und sein wird. Ich transformiere ständig diese Energie.

Schaut euch die Sonne an. Wie erfreut seid ihr, wenn sie strahlt. Aber sie ist für euch am Himmel und unerreichbar. Fordert sie doch, damit sie bis in euer Herz strahlt und nehmt alles auf, denn ihr seid es doch selbst. Bittet um eure Urenergie in der alten Form ihrer Reinheit. Maha Cohan steht ständig bereit, all das Licht und die Kraft in die sieben Strahlen zu lenken. Die Aufgestiegenen Meister und Erzen-

gel lenken in der Erfüllung ihrer Aufgabe die Energie zu jedem von euch, wie ihr sie verarbeiten könnt.

Was geschieht, wenn die Wechselfälle eurer Leben
zum Endresultat der Vernichtung führen? Wir müssen von
vorne beginnen. Alles muß neu inszeniert werden und ihr
müßt einsteigen in den erneuten Kreislauf des Lichttrans-
portes. Bitte erhaltet das Licht. Helios bedeutet Heilen. Die
Urkraft bringt euch das Heil. Kehrt zurück zum Ursprung
eures Wissens und eurer heilen und reinen Existenz. Ich bin
da.

In ewiger väterlicher Liebe

Helios

Der Maha Cohan:

Geliebte Freunde,

wie es euch bereits erklärt wurde, repräsentiere ich den Heiligen Geist für die Erde. Was, haben vielleicht viele von euch schon gefragt, bedeutet das eigentlich?

Der Heilige Geist wurde oft dargestellt als weiße Taube. Der Mensch brauchte schon immer eine visuelle Erklärung für all das, was ihm nur geistig zur Verfügung steht. Die weiße Taube ist für den Menschen verbunden mit viel Symbolik, wie Reinheit, Friede, Schönheit, Freundlichkeit, Harmonie, Wärme, Blüten, Sonne, Farben einfach Licht. Selbst ich habe in meiner Inkarnation als Paul der Venezianer oft versucht, das Heilige optisch darzustellen. Aber laßt mich sagen, der Heilige Geist ist nicht zu erfassen als Gestalt, als Person. Er ist reine Energie, positive Macht, Glaube, Kraft, Weisheit, Liebe, Harmonie, Reinheit, Disziplin, Aufstieg, Heil, Transformation und Frieden.

Das heißt, er hilft sowohl im gesamten Universum als auch auf jedem Planeten, den göttlichen Plan, die Liebe Gottes zu manifestieren. Auch hier erkennt ihr wiederum die einzelnen Aspekte der Präzipitation. Alle Existenz ist davon geprägt. Hier gibt es nichts Mystisches, nichts Magisches oder Geheimnisvolles. Gott, der Vater, hat alles so erschaffen und eingerichtet, daß jede Existenz davon profitieren soll und darf. Aber im Irdischen ist alles so schwer und unerreichbar geworden, daß man Transformatoren und Übermittler für all diese hohe Energie brauchte. Im Laufe der Zeit wurde alles sehr diffizil. Seht, ihr alle habt unzählige Inkarnationen hinter euch gebracht. Der eine hat das Prinzip des Glaubens an die Macht, Kraft und den Mut ganz gut erkannt. Dafür hat er aber keine Disziplin für sich erreicht. So muß er lernen, mit welchem Ziel er in dieses Leben gegangen ist. Zweckmäßig ist dann für ihn die Erkenntnis, mit welcher Hilfe er nun dieses Ziel am schnellsten erreichen kann.

Sobald ein Mensch um diese Art der Erkenntnis bittet und wir erkennen, daß er wirklich will, kommen wir ihm zu Hilfe. Wir transportieren alle Energie im göttlichen Sinne und im Sinne des Menschen zu ihm hin. Er erhält alle Chancen, indem Situationen, Menschen und Impulse zu ihm hingelenkt werden. Wenn er dann noch in der Lage ist, uns anzusprechen und direkt die Hilfe zu fordern, hat er alle Kraft, große Fortschritte zu machen.

Ein anderer Mensch hat vielleicht erkannt, daß er starke Kräfte in den Händen hat, aber es fehlt ihm noch ein wenig an bedingungsloser Liebe. Hat er dies erkannt, was natürlich nicht leicht ist, kann er den Weg der Umwandlung für sich einschlagen.

All diese Aspekte werden von mir erkannt. Ich transformiere den spirituellen Geist und das Urlicht in die sieben göttlichen Strahlen hinein. Die Aufgestiegenen Meister und auch die Erzengel stehen bereit, durch direkten Kontakt mit euch diese Energie gewinnbringend umzusetzen. Auch unterstehen mir viele Lichtarbeiter im Irdischen direkt. Sie alle haben keine leichte Aufgabe. Oft haben wir sie in Positionen gesetzt, wo sie sogenannte Schaltstellen zu bedienen haben, beispielsweise in der Forschung, Politik, Kultur, im gesellschaftspolitischen Umgang schlechthin. Sie haben dann die Aufgabe übernommen, immer zur rechten Zeit zu wissen, welchen energetischen Strahl, welchen Meister oder Erzengel sie zu aktivieren haben. Also müssen sie in der Lage sein, viele Dinge gleichzeitig zu koordinieren. Meist hat dies karmische Hintergründe, da sie oft in früheren Leben schon solche Talente aufwiesen oder auch in der Art versagt haben. Es sind sozusagen Multitalente, die jedoch auch hohen Anforderungen gewachsen sein müssen. Ständig werden sie geprüft, ob sie all dem standhalten können.

So haben sie auch gelegentlich Ruhepausen verdient.

Seid eines gewiß: das Leben im Irdischen ist schön, bunt und kann sehr ertragreich sein, wenn ihr nur erkennt, wo all euer Potential liegt und wie ihr euch in jeder Situation die entsprechende Hilfe fordern könnt. Wir stehen immer an eurer Seite.

Gott zum Gruße

Maha Cohan

Maitreya:

Geliebte Wesen der Erde,

ich möchte nun den Abschluß bilden, indem ich alle Wesen der Erde nochmals eindringlich auffordern möchte, sich der Liebe Gottes nicht zu verschließen. Sie ist der Ursprung allen Lebens, und nur sie kann euch auf den Weg zum Ziel, das heißt, zu eurem Ursprung begleiten. Viele von euch sprechen von Erleuchtung und daß sie die Erleuchtung auf jeden Fall in diesem Leben erreichen möchten.

Setzt eure Ziele nicht zu hoch an. Lernt zunächst, euer Herz zu klären und zu reinigen. Nur ein reines Herz ist in der Lage, alle Aspekte der göttlichen Strahlen aufzunehmen und zu verteilen. Eines kann ich euch versichern: Der Weg wird nicht leichter. Erst wenn das Minimum an göttlichen Eigenschaften integriert ist, können wir beginnen, euch darauf vorzubereiten, die wahre Meisterschaft anzutreten. Der Weg zur Erleuchtung ist hart und steinig. Demut ist ein wichtiges Werkzeug auf diesem Weg. Nur wer nichts will, der erfährt.

Wir sehen genau, wer wirklich dienen und helfen will in all den kritischen Zeiten, in denen ihr euch befindet. Vergeßt nicht, wir prüfen eure Seele und euer Innerstes, auch wenn ihr euch anders nach außen darstellt und redet. Uns entgeht nichts. Manipulation, Machthunger und materielle Genußsucht können niemals eure Wegbegleiter sein. Bedingungslose Liebe, Loslassen der anderen, eigene Wertschätzung und die der anderen und Frieden sind Werte, an die ihr euch zuerst gewöhnen müßt.

Ich unterstütze persönlich viele Projekte und Gruppierungen, die es sich zum Ziel gemacht haben, den Menschen auf ehrliche und adäquate Art zu helfen. Aber auch hier muß ich sagen, daß es nicht leicht ist. Gerade dort werden alle Mitarbeiter immer wieder auf ihre Werte geprüft. Viele versagen, sie treten wieder zurück und müssen weiter an sich arbeiten. Das ist nicht schlimm, aber die Erkenntnis, doch noch nicht so weit zu sein, schmerzt oft sehr. Und so werden sie wieder aufgenommen oder neuen Projekten zugeführt, wenn die Zeit gekommen ist. All das ist umsetzbar im Kleinen, im Alltag des Menschen. Immer wieder müssen wir prüfen und befinden, um euren Zustand zu erkennen, denn unser aller Plan und Ziel war der Aufstieg. Und vergeßt nie, die Erleuchtung ist die Eintrittskarte in die Meisterebene. Dann erst folgt der Aufstieg.

Stellt euch gut mit Serapis Bey. Disziplin und Reinheit werden von ihm geprüft. Es sind hohe Werte, auch wenn sie euch nicht so erscheinen. Alle Tempel der Schulungen müssen euch bekannt sein, alle Werte der göttlichen Strahlen müssen in Fleisch und Blut übergegangen sein, um das letzte Tor einmal zu öffnen und hinter euch wieder zu verschließen.

So freuen wir uns auf das endgültige Wiedersehen, das keinen Abschied mehr bedingt. Kehrt zurück zur Einheit, werdet der Lichtbestandteil, der fehlt, um das große Ganze zu vollenden.

In göttlicher Liebe

Maitreya

Ausklang

Leider war es mir im Rahmen dieses Buches nicht möglich, so intensiv auf alle und alles einzugehen, wie es der Bedeutung des Themas geziemt. Aber es gibt genügend Möglichkeiten, sich zu informieren.

Nachstehend einige gute Quellen, die sich schon lange und intensiv mit den Meistern befassen, und zwar in unverfälschter Art. Leider mußte ich feststellen, daß es immer mehr Bücher gibt, die vieles durcheinanderwerfen und eine immense Verwirrung stiften. Bitte behalten Sie immer eines im Auge: Lesen, werten und nach eigenem Ermessen integrieren. Wir alle sollen unseren optimalen Weg finden, so wie wir ihn am besten gehen können. Dabei sollten wir uns weder verwirren noch beeinflussen lassen.

So wie jeder Mensch und jede Religion ein Bild von Gott hat, so sollten wir auch unsere Erdenreise vollenden, in Frieden, Harmonie, und vor allem mit wertungsfreier Toleranz.

El Morya hat kürzlich zu mir gesagt:

"Jetzt beginnt der Krieg zwischen der wahren Theosophie und dem Einfluß von außen. Wir kommen nicht umhin, euch alle zu prüfen auf den wahren Kern eures uralten Wesens. Bleibt stets dem treu, was wir euch mitgaben auf euren langen Weg des Vertrauens."

Quellenhinweise:

Die Brücke zur Freiheit e.v. Ballenstedter Str.16 b, 10709 Berlin

Die Brücke zu Geistiger Freiheit, Eutiner Str. 26, 26125 Oldenburg

Armando de Melo - "Weltenlehrer", Schleißheimerstr. 220, 80797 München, Tel.: 089.303481, Fax: 3080646, E-Mail: de.Melo.Horus@t-online.de

"Lebendige Ethik" - Roerich Gesellschaft Deutschland e.v., Buchenweg 12, 72539 Pfronstetten

Helena Blavatskys Geheimlehre und andere Bücher: Über Buchhandel oder *Die Zeitenschrift*, Postfach 2115, 88111 Lindau

Schriften des Mystikers H.K. Iranschähr - 1884 - 1962 erhältlich über: R. Meissner, Enhoferstr. 33, 88515 Wilflingen oder Lukas-Verlag, Postfach 903, CH-9201 Gossau

Aeona Art, Postfach 170 116, 60075 Frankfurt, Tel.: 069.720170, Fax: 069.7101924

Smaragd Verlag, Heimstr. 28, 56566 Neuwied, Tel.: 02631.948681, Fax: 02631.948281 E-Mail: info@smaragd-verlag.de

Bitte lesen Sie weiter ...

Claire Avalon
EL MORYA: Was ihr sät, das erntet ihr!
256 S. brosch., ISBN 3-926374-59-4

EL MORYA, Aufgestiegener Meister und Herrscher des Ersten Strahls, zeigt in diesem Buch über Karma sehr anschaulich, daß es keinen strafenden Gott gibt, sondern jede Seele für das verantwortlich ist, was ihr widerfährt und daß jedes noch so kleine oder große Problem seine Ursache hat.
Vor allem läßt er uns spüren, daß der Vater allen Seins mit unendlicher Liebe und Güte auf die Rückkehr jeder Seele wartet. Auch für Therapeut/inn/en ein wichtiges Buch.

Silvia Mutti
Kosmische Essenzen
Tore zum Göttlichen ICH BIN
352 S., geb. ISBN 3-934254-07-1

Diese immens hoch schwingenden Essenzen – aus dem Kosmos gechannelt – dienen als Hilfe, Blockaden und Belastungen der Vergangenheit schneller zu lösen, damit wir die in uns allen schlummernden Potentiale positiv leben und uns so schneller spirituell entwickeln können.
Ein wichtiges Buch für Eltern, die ihre Kinder bereits früh mit Essenzen auf ihrem Weg begleiten möchten, und mit zahlreichen Meditationen auch ein wichtiges Arbeitsbuch für Therapeuten und Astrologen.

Claire Avalon
Channeling –
Medien als Botschafter des Lichts
128 S. brosch., ISBN 3-926374-73-X

Claire Avalon schreibt – witzig und anschaulich – über ihre praktische Arbeit als Medium der Großen Weißen Bruderschaft und spricht u.a. folgende Themen an: Die Grundlagen des Channelings, Karma und Reinkarnation; Vertrauen und Beweise; Fragen und Antworten.
Im letzten Kapitel werden die Aufgestiegenen Meister und Lenker der Sieben Strahlen vorgestellt und kommen mit jeweils einer eigenen Botschaft zu Wort: El Morya, Konfuzius, Rowena, Serapis Bey, Hilarion, Nada und Saint Germain.
Eine wichtige Einführung in die wunderbare Zusammenarbeit mit den geistigen Ebenen.

Claire Avalon
Die zwölf göttlichen Strahlen und die Priester aus Atlantis

384 S., geb., ISBN 3-93425412-8

Dieses umfangreiche, ausschließlich gechannelte Werk enthält hochinteressante Informationen über das Wirken der zwölf göttlichen Strahlen und macht uns mit dem neuen und doch alten Basiswissen aus Atlantis vertraut, das uns bisher nicht zur Verfügung stand.
Wir lernen 84 atlantische Priester und Priesterinnen kennen, die von EL MORYA vorgestellt werden und dann selbst zu ihren speziellen Aufgaben sprechen.
Ein wichtiges Buch, das auch viele Therapeuten, Heilpraktiker und Helfer der Menschheit erreichen möchte.

Anna Amaryllis
Die Weiße Bruderschaft – Freunde im Licht

160 S. brosch., ISBN 3-926374-52-7

Dieses Buch gibt einen Einblick in das Wirken der Weißen Bruderschaft, zu deren Mitgliedern u.a. Jesus, Daskalos, El Morya, St. Germain, die Indianerin No-Eyes und Yogananda gehören. Es vermittelt Zuversicht, Kraft und Freude all denen, die um die Frunde im Licht wissen und sich diesen Energien öffnen.

Das Einstiegsbuch zum Thema DIE GROSSE WEISSE BRUDERSCHAFT.

Barbara Vödisch
Lady Nada: Botschaften der Liebe

196 S., DIN A 5, Softcover, ISBN 3-926374-75-6

Hier ist die Antwort der geistigen Welt zu einem Thema, das die Menschheit seit jeher bewegt hat.
Nada, Aufgestiegene Meisterin, spricht über das Thema Liebe in all seinen Facetten: Die Liebe zu sich selbst und zu anderen; zu Pflanzen und Tieren; Kontakt mit der geistigen Welt – das sind nur einige Themen dieses Buches, aus dem so viel Liebe strömt, daß einem bei der Lektüre ganz warm und das Herz ganz weit wird.

Ava Minatti
Die Kinder der Neuen Zeit – Strahlende Funken des Lichts

196 S., brosch., ISBN 3-934254-23-3

Immer mehr Kinder werden weltweit geboren, die bereits mit einem neuen Bewußtsein zur Welt kommen und somit Verhaltensweisen an den Tag legen, die „anders" sind. Ava Minatti, selbst Mutter von zwei „neuen" Kindern, erzählt von ihren persönlichen Erfahrungen in der Schwangerschaft, bei der Geburt und im Alltag mit diesen Kindern und bietet viele praktische Anregungen, Übungen und Meditationen. Mit Botschaften aus der geistigen Welt, u.a. von Engeln und des Aufgestiegenen Meisters Hilarion.

Ava Minatti
Heilung für das Innere Kind

192 Seiten, broschiert, ISBN 3-934254-37-3

Das heile, Innere Kind ist ein Teil in uns, der voller Lebensfreude, Neugierde, Vertrauen und Liebe ist. Wurde es verletzt, agieren wir nicht mehr frei, sondern reagieren ängstlich, trotzig, wütend oder traurig. So finden sich in diesem Buch zahlreiche Botschaften, Anregungen und Übungen aus der geistigen Welt, wie Sie sich von der Identifikation mit Ihren schmerzhaften Erfahrungen lösen und sich auf Ihr heiles Inneres Kindsein einlassen können.

Ava Minatti
Elfen, Feen und Zwerge – Vom Umgang mit der Anderswelt

144 Seiten, Broschiert, ISBN 3-934254-45-4

Ava Minatti schildert ihre Begegnunen mit der Fee Irina und weiteren Wesen aus der Anderswelt, die uns Menschen daran erinnern, wie wichtig es ist, wieder phantastisch und

phantasievoll zu sein, um so unsere Schöpfungsmacht erneut nutzen und leben zu können. Irina spricht davon, daß die Zeit des Erwachens beider Reiche, der Menschen wie der Naturgeister, gekommen ist, was zu einer fließenden Kommunikation mit der Anderswelt und einem Sichtbarwerden der feinstofflichen Wesen für jeden Menschen führen wird.
Ein Kapitel ist der sagenumwobenen Insel Avalon gewidmet, in dem Merlin und Morgana le Fay selbst zu Wort kommen.
Dieses Buch richtet sich an alle Menschen, die ihren Umgang mit dem Feen- und Zwergenreich vertiefen möchten, als auch an jene, die an einem achtsameren und bewußteren Umgang mit Menschen, Tieren, Pflanzen und feinstofflichen Wesen interessiert sind.

Worte der Aufgestiegenen Meister
Gesammelt und zusammengestellt von
Stella Maris
52 Karten + Begleitheft in einer Box
ISBN 3-934254-13-6

Immerwährende Weisheiten von El Morya, Hilarion, Maitreya, Jesus Chjristus Sananda, Serapis Bey, Kwan Yin, Lady Nada, Rowena, St. Germain und vielen anderen Aufgestiegenen Meistern.
Eine praktische Lebenshilfe in einer Zeit der Hektik und des Stresses.

"Der Weg der Erleuchtung liegt in der Entscheidung, sich der göttlichen Kraft zu öffnen und das Göttliche im Alltäglichen zu lieben". (Lady Nada)

Stella Maris
ICH BIN-Affirmationen mit den Aufgestiegenen Meistern

52 Kärtchen + Booklet, ISBN 3-934254-32-2

Diese wunderschönen Affirmationen möchten Sie auf Ihrem spirituellen Weg begleiten und können eine Hilfe sein, durch Konzentration auf die eigene, göttliche ICH-BIN-Kraft die innere Mitte und den Weg zu Gott zu finden. – Als Meditation, als Motto des Tages, als Hilfe für sich und andere in einer schwierigen Situation, u.v.m..

ICH BIN erfüllt von der göttlichen Liebe und suche in jedem Menschen das göttliche Licht Rowena.

Weisheiten der Liebe
Gesammelt und zusammengestellt von Stella Maris
52 Karten + Begleitheft in einer Box
ISBN 3-934254-22-5

Worte der Liebe für den Alltag und ein liebevolles Miteinander, von Heine, Goethe, Coco Chanel, Novalis, Hesse, u.v.a.: Als Liebeserklärung, als Botschaft des Lächelns, als Gedanken der Ruhe in der Hektik des Tages, als Zeichen der Versöhnung nach einem Streit ... Für Liebende und alle, die mehr Liebe in ihr Leben bringen möchten:
"Die Liebe ist ein Stoff, den die Natur gewerbt und die Phantasie bestickt hat." Voltaire

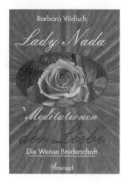

Barbara Vödisch
Lady Nada – Meditationen der Liebe
128 Seiten, DIN A 5 . Softcover
ISBN 3-934254-00-4

Für alle die Menschen, die Lady Nada – Botschaften der Liebe mit Begeisterung gelesen haben und diese Botschaften praktisch in ihr Leben integrieren möchten.
Meditieren Sie mit Nada –
Meditationen zur Erinnerung an eine Existenz in bedingungsloser Liebe; für Liebe und Vergebung; Befreiung von Abhängigkeiten in Beziehungen; die Liebe zu sich selbst: für den inneren Frieden, u.v.m. – als Hilfe, uns daran zu erinnern, was und wer wir wirklich sind.

Simone Crämer
Sananda: Ihr seid das Licht der Welt
Neue Botschaften zur Bergpredigt
192 Seiten, broschiert, ISBN 3-934254-38-1

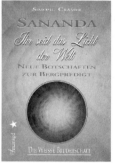

Dieses aus der geistigen Welt übermittelte Buch verbindet altes christliches Gedankengut mit dem Christusbewußtsein unseres Neuen Zeitalters.
Der Aufgestiegene Meister und Weltenlehrer SANANDA gibt uns ein Neuverständnis seines Anliegens und knüpft dabei an die Bergpredigt an, jene Eingangsrede zum Neuen Testament, deren immerwährende Gültigkeit und tiefe spirituelle Weisheit noch immer wegweisend für uns ist. Gleichzeitig gibt er uns eine Neuinterpretation, ein Neuverständnis der Tradition, und schlägt dadurch eine Brücke zwischen Gestern und Heute, mit der er die vielen Mißverständnisse, die an die lange Geschichte des Christentums geknüpft sind, bereinigen möchte.

Barbara Vödisch
Sananda – die Neue Zeit ist jetzt

192 Seiten, Broschiert,
ISBN 3-934254-44-6

Sananda (auf Erden als Jesus Christus bekannt) gibt uns hier für diese Zeit großer Turbulenzen und Herausforderungen im Privaten wie im Weltpolitischen wichtige Hinweise, u.a. auch zum 11. September, zu Macht und Machtmißbrauch, zu den Indigo-Kindern sowie zu Ernährung und Krankheit. Er zeigt eindringlich auf, daß wir auf keine bessere Welt in der Zukunft warten sollen, sondern beschreibt, wie wir hier und jetzt wahren Frieden, die Vollendung finden können.
Lebendige, engagierte und mutmachende Worte dieses großen Meisters in einer bedeutenden Zeit mit Segenssprüchen, Gebeten, Meditationen und Affirmationen sowie zahlreichen praktischen Tips.

Barbara Vödisch
Einssein mit Gott –
das Ende jeder Suche
192 S., brosch. ISBN 3-934254-08-X

Mit überwältigender Intensität und Dringlichkeit über Wochen, von einer nicht beschreibbaren unendlichen lichten, in in allem enthaltenen Energie erfaßt, empfing die Autorin innerhalb kürzester Zeit diese Durchgaben von "ES", göttliches Sein, das zu uns Menschen spricht, um uns zu helfen, die Einheit mit Gott zu erfahren.
Dieses Buch räumt mit Mißverständnissen und Tabus auf und hilft dem spirituell erfahrenen, aber auch dem unerfahrenen und skeptischen Leser, der Suche ein Ende zu machen und unendliches göttliches Sein, unendliche göttliche Liebe für immer gewahr zu werden.

Barbara Vödisch
Botschaft von Andromeda –
Lebe den Himmel auf Erden
ISBN 3-926374-91-8

Die Wesenheiten von Andromeda sprechen hier erstmals aus ihrer Welt unendlicher Liebe und unendlichen Seins zu uns Menschen. Ihre Botschaft lautet: Unser wahres Zuhause, unser göttliches Selbst und die göttliche Liebe sind nicht außerhalb unseres Selbst und unseres Lebens zu finden, sondern in unserem konkreten Leben auf der Erde.

Antan Minatti
Kiria Deva und das
Kristallwissen von Atlantis
160 Seiten, brosch. ISBN 3-934254-34-9

Kiria Deva, eine Kristallwesenheit, hat sich bereit erklärt, die schwere Bürde des Machtmißbrauchs und Untergangs, die auf dem Begriff Atlantis liegt, mit ihrer Schwingung zu heilen. Dieses Buch richtet sich daher an alle, die sich auf dem Weg des Heilwerdens befinden und bei der Mitgestaltung des Neuen Zeitalters aktiv mithelfen wollen.
Viele einfache Übungen und Anregungen begleiten uns mit gechannelten Texten und Informationen zu Kristallen, fünfdimensionalen Farben und anderen Themen und helfen uns, Verbindungen und Heilung herzustellen mit Teilen unseres Selbst, mit dem Reich der Pflanzen und Tiere, mit dem Reich des Blauen Volkes, mit Wesen der Inner Erde und dem Bewußtsein von Mutter Gaia.

Hermes Schmid
Anthael – Eine Botschaft aus der Zukunft

184 Seiten, broschiert,
ISBN 3-934254-50-0

Anthael ist die Geschichte eines Menschen, der dort weitermacht, wo Jesus aufhören mußte, auch wenn er selbst sich niemals mit jenem gleichsetzt. Doch schließt sich ein Kreis, und Anthael bewirkt durch die Kraft seiner allumfassenden Liebe eine unglaubliche Veränderung in jedem Menschen, der ihm begegnet. Niemand kann sich dieser Berührung zweier Seelen entziehen, die so tief geht, daß es einem Wunder gleichkommt.
Der Erzähler Gregor, zunächst ein Zweifler wie so viele andere, schildert aus seiner Sicht, wie er Anthael begegnet und an seiner Seite staunend und bewegt den Umbruch miterlebt. Eine Botschaft aus der Zukunft. Wer sie liest, dessen Leben verändert sich.

Dion Fortune
Die Seepriesterin

256 S. brosch., ISBN 3-926374-12-8

Die Seepriesterin gehört zu den klassischen spirituellen Werken des 20. Jahrhunderts und gilt als einer der schönsten Romane, der je über Magie geschrieben wurde.

André Bónya
Die Templer - Gottes erste Ritter
Die Botschaft des Jacques de Molay

224 Seiten, A 5, brosch., ISBN 3-934254-52-7

Lassen Sie sich entführen in die Zeit der Ritter und Kreuzzüge – in die Zeit der Helden und ihrer Ideale.
Der Autor versteht es in seinem Buch meisterhaft, die Jahrhunderte zwischen Ende und Anfang des Templerordens zu überbrücken und den Leser so in jene Zeit der Vergangenheit zurückzuführen, in der alles began.
Mit einer bewegenden Liebesgeschichte und einem atemberaubenden Schluss.

Karina Ramirez
Stadthexen - Ein Jahr und ein Tag -
13 Lektionen aus der Tradition der Weisen Frauen
Arbeitsbuch, 128 Seiten, A 5, brosch., ISBN 3-934254-51-9

Stadthexen ist ein Arbeitsbuch und zeigt, wie Frauen in der Stadt die Nähe zur Natur bewahren und nutzen können.
Beginnend im Februar entfaltet sich der Jahreskreis in dreizehn Kapiteln mit seinen Themen:
Saat und Wachstum, Fülle und Sinnlichkeit, Reife und Ernte, Wandel, Tod und Wiedergeburt.
Mit zahlreichen Meditationen, Übungen und Vorschlägen lassen sich Monat für Monat die Speichen des Jahresrades neu erschließen.

Melissa Bónya
Wechseljahre - noch mal durchstarten
Naturheilkundlicher Ratgeber

240 Seiten, A 5, brosch., ISBN 3-934254-53-5

„Jünger werden wir alle nicht", aber man kann durchaus gegensteuern und selbstverantwortlich Gutes für sich und seinen Körper tun.
Die Autorin erläutert, wie frau mit Heilkräutern, Vitaminen, Pflanzenhormonen, der Homöopathie, der richtigen Ernährung und nicht zuletzt mit Liebe, Sex und Sinnlichkeit dem Alter ein Schnippchen schlagen kann.
Ein umfassender Ratgeber mit zahlreichen Tipps und Rezepten aus der Trickkiste der Natur, damit Sie gesund und fit die Chancen dieses neuen Lebensabschnitts nutzen können.

Thomas Eckerle
Reiner Zufall?
Deuten Sie Ereignisse aus Ihrem Leben und gestalten Sie erfolgreich Ihre Zukunft

208 Seiten, A 5 , brosch., ISBN 3-934254-56-X

Den Zufällen auf den Grund gehen, lautet die Devise dieses Buches. Der Autor kommt zu der verblüffenden Erkenntnis, dass alle Zufälle Folgen unseres Denkens und Handelns sind. Wir selbst haben es in der Hand, in unser Leben einzugreifen und unser Schicksal zu gestalten.
Dieses eindrucksvolle und neuartige Buch wird nicht nur Ihr Denken, sondern Ihr ganzes Leben verändern.
Mit einem Nachschlagewerk, das die Ursachen und Hintergründe wichtiger Ereignisse beleuchtet und Ihnen hilft, diese besser zu verstehen.

Sylvia Leela Isani & Christine Janson
Ein Fest der Sinne – Wohlfühlrituale für jeden Monat

240 Seiten, Großfoßformat . geb. ISBN 3-934254-31-4

Dieses Buch inspiriert vor allem Frauen dazu, ihr Leben sinnlich, phantasievoll, gesundheitsbewußt und im Einklang mit den Jahreszeiten und der Natur zu gestalten.
Jeder Monat seht unter dem Thema einer Göttin, die einen Persönlichkeitsanteil in uns verkörpert. Darüber hinaus sind jedem Monat eine passende Heilpflanze, ein Körperteil, Yoga- und Qi-Gong-Übungen, Naturheilrezepte, Schönheitstips und Kochrezepte zugeordnet.

Ungewöhnliche Rituale, Meditationen, ausgefallene Speisen aus verschiedenen Kulturkreisen, Verwöhn- und Schönheitsrezepte – all dies lädt Sie dazu ein, den Alltag mit größerer Leichtigkeit und Lebensfreude zu meistern.
Und werden Sie schließlich selbst kreativ und schaffen Sie sich „Ihren" 13. Monat!

Gina Hellmann
Mein magisches Rosenbuch

240 Seiten, geb., mit zahlr. vierfarb. Abb.
ISBN 3-934254-33-0

Wußten Sie, daß auch die Rosenliebe durch den Magen geht? Oder man mit einer Rose wunderschön meditieren kann? Oder ein Rosenritual die Liebe neu erblühen läßt?
Also: Lassen Sie sich überraschen und fangen Sie den Sommer und den Zauber der Rose ein – mit der Lektüre dieses Buches, einem köstlichen Rosendessert, einer romantischen Liebesnacht im Duft von Rosen, und, und, und ... Mit vielen Rezepten und Ritualen rund um die Magie der Rose und einer Reihe zauberhafter Bilder, Grafiken und Fotos.

Patricia Monaghan
Mein magischer Garten

Aus dem Amerikanischen übertragen und bearbeitet von Gina Hellmann
240 S. , Großformat . geb. ISBN 3-934254-15-2

Mein magischer Garten zeigt Ihnen, wie Sie einen kleinen unscheinbaren Acker in einen magischen Garten verwandeln können und macht Sie nicht nur mit den praktischen Aspekten, sondern auch mit dem Mythos des Gärtnerns vertraut; verrät Ihnen Tips zur Pflege des Bodens; bringt Gartenrituale und Zeremonien; Meditationen für die Jahreszeiten und die „alten Wege"; hilft Ihnen, Ihren Garten zu weihen; veranschaulicht Pflanzen-Archetypen und -devas; läßt sie den spirituellen Gewinn der Gartenarbeit entdecken; und enthüllt Ihnen schließlich sechzehn phantasievolle Gartenpläne, mit denen Sie den Garten Ihrer Träume schaffen können; u.a. die Einhornwiese und einen Feengarten.